기쁨을 알아채는 힘

あなた次第でこの世界は素晴らしい場所になる

ANATA SHIDAI DE KONO SEKAI WA SUBARASHII BASYO NI NARU

Copyright ⓒ 2024 Kotaro Hisui

Original Japanese edition published by Discover 21, Inc., Tokyo, Japan

Korean edition published by arrangement with Discover 21, Inc., Tokyo, Japan

through Botong Agency, Gyeonggi-do

기쁨을 알아채는 힘

"맑은 날에는 잎사귀가, 비 오는 날엔 뿌리가 자란다."

백운숙 옮김

히스이 고타로 지음

누릴 수 있음에도 매 순간 놓쳐버리고 마는
사소하고도 귀한 행복에 관하여

samho MEDIA

일러두기

- 화폐 단위는 편의상 '1엔 = 10원'으로 대략 환산해 표기했습니다.
- 저자의 주석은 소괄호 '( )'로 표기했으며, 그 외의 주석은 옮긴이의 것입니다.
- 본문에 나오는 인명의 원어 표기는 314쪽에 일괄해 실었습니다.

삶이 지루하다는 생각이 든다면,

당신 스스로 삶을 지루하게 만들고 있어서인지 모릅니다.

왜냐하면……

사실이라는 것은 존재하지 않는다.

여러 가지 해석이 존재할 뿐이다.

– 프리드리히 니체

눈앞의 현실을
어떻게 해석하느냐에 따라
새로운 우주가 탄생한다

먼 옛날 우리의 선조가 밤하늘을 올려다보던 시절.
"있잖아, 저기 저 별이랑 저 별 이으면 사자처럼 보이지
않아?" 이렇게 설레는 마음으로 이름 붙인 게 '사자자리'
입니다.

사자자리

"이거랑 저걸 이으면 영락없는 전갈이야!"
이렇게 태어난 게 '전갈자리'고요.

전갈자리

"저건 좀 머리카락 같다!"

"그래? 머리카락?"

이렇게 약간 갸우뚱하며 생겨난 게 '머리털자리'입니다.

머리털자리

별은 그저 그 자리에 있을 뿐입니다. 그런 별들을 두근거리는 마음으로 바라보고, 상상력을 더해 별들을 이어보고, 밤하늘에 마음껏 그림을 그리며 드라마를 찾아낸 것이 별자리의 역사입니다. 인생도 마찬가지입니다. 그저 현실이 여기에 있을 뿐이죠. 지루하고 답답하게 느껴지는 현실을 얼마나 유쾌하게 받아들이고 이어나갈지는 오롯이 나의 '관점'에 달려 있습니다.

문제여서 문제인 게 아니라,
어떻게 받아들이는가가 진짜 문제인 거죠.

일어난 일을 어떻게 받아들일지, 어떻게 바라볼지 그 관점은 내가 얼마든지 바꿀 수 있습니다. 가령 결혼식에서 건배사를 하려다 유리잔을 떨어뜨려서 "쨍그랑!" 하고 깨졌다고 상상해 볼까요? 결혼식에서 무언가가 깨지는 것은 금기로 여겨집니다. 왠지 불길하거든요. 역시나 장내 분위기는 차갑게 얼어붙고 말겠지요.

이런 상황에서 이 책을 읽은 여러분이라면 마이크를 대신 잡고 이렇게 말할 수 있을 겁니다.

"유대인 결혼식의 마지막 순서는 신랑이 유리잔을 밟아 깨는 거라고 해요. 앞으로의 결혼 생활에서 깨진 유리 조각을 함께 이어간다는 건 영원을 뜻합니다. 눈앞의 배우자와 영원히 행복을 엮어나간다는 의미를 담고 있어요. 결혼 전으로 돌아가지 않을 거라는 결심이기도 하고요. 여러 의미를 담고 있답니다. 배 진수식에서도 새로운 출발을 축하하며 샴페인병을 깨지요. 인생은 무엇이든 마음먹기에 달렸습니다. 그러니 여러분, 마음을 가다듬고, 건배를~!"

이리 말한다면, 어쩌면 여러분과 평생을 함께하고 싶다는 사람이 줄을 설지도 모르겠습니다.(하하)

깨진 유리잔을 보고 불길한 징조라며 위축될 수도 있겠지요. 반면에 '아니. 오히려 좋은 일이 일어나려는 신호야!' 하고 다 같이 활짝 웃을 수도 있고요. 어떤 인생이 더 근사해 보이나요?

현실이 답이 아닙니다. 어떻게 받아들이느냐, 우리의 관점이 바로 답입니다.

각자가 받아들이는 방식에 따라서
저마다 다른 우주가 생겨나는 거랍니다.

인생이 참 따분하다는 생각이 든다면, 그건 스스로 인생을 따분하게 만들고 있어서입니다. 기쁨을 알아채는 힘이 더욱 필요한 이유이고요.

지루하고 갑갑한 나날을 드라마틱하게 바꿔줄 반짝이는 시선, 기쁨을 알아채는 힘을 키우는 비결을 이 책에 한가득 담았습니다. 히스이 고타로의 세계에 오신 것을 환영합니다.

헉, 아끼던 물건에
흠집이 났다!

**그 흔적이야말로
나다움의 표시입니다.**

아이폰을 만든 애플사의 창업자 스티브 잡스에 관한 일
화 중 이런 이야기가 있습니다. 어느 인터뷰에 응하던 스
티브 잡스가 인터뷰어가 들고 있던 아이팟을 보더니 불쾌

한 기색을 내비쳤다고 해요. 자신이 공들여 개발한 제품을 누군가가 잘 쓰는 모습을 보면 보통은 흐뭇함에 미소가 지어지기 마련일 텐데 말이죠. 예상치 못한 그의 반응에 인터뷰어도 당연히 신경이 쓰였습니다. '내가 무슨 실수라도 한 걸까……?' 하고요.

알고 보니 잡스가 언짢아한 이유는 아이팟에 케이스가 씌어져 있어서였다고 합니다. 아이팟의 초기 모델은 제품 뒷면이 매끈한 유광 스테인리스 재질이었는데, 이 인터뷰어는 여기에 스크래치가 나는 것을 막고자 케이스를 씌웠고, 그게 화근이었던 겁니다. 잡스는 이렇게 말했습니다.

**"스크래치 나는 게 싫어서 케이스를 씌우는
사람들이 있는데, 그런 상처야말로 온전히
내 것임을 말해주는 게 아닌가요?
상처야말로 그 무엇보다
아름다운 겁니다."**

'상처야말로 아름답다. 상처는 곧 나다움을 보여주는 것'. 이렇게 자기만의 해석을 통해 상처를 자랑스럽게 여길 수도 있다는 거지요.

참고로 저는 아이폰 고유의 디자인을 무척 좋아해서 케이스는 씌우지 않고 사용하는데요. 언젠가 길을 걷다 실수로 아이폰을 떨어뜨리는 바람에 크게 흠집이 난 적이 있습니다. 이런 상황에 부닥치면 저는 '이야기'를 부여하곤 합니다. 저만의 '해석'을 붙이는 거예요.

당시 저는 사카모토 료마_{일본 근대화를 이끈 에도 막부 말기의 무사}이자 사업가의 묘소로 향하던 길에 휴대폰을 떨군 거였는데요. 그때 난 스크래치에 눈이 갈 때마다 사카모토 료마가 '한번 열심히 살아보게나.' 하고 저에게 응원을 보내는 것이라 생각하기로 했습니다.

'스크래치 = 추앙하는 위인이 나에게 보내는 응원'
이렇게 생각하니 속상했던 마음이 조금 가뿐해지더라고요. 스크래치가 오히려 나만의 멋진 오리지널 디자인이 된 거예요.

물론 휴대폰을 떨어뜨렸을 때는…… 정말이지 가슴이 철렁했습니다!

그래도 괜찮아요. 전혀 문제되지 않아요. 마음에 솟아오르는 감정들을 부정하거나 튕겨내는 대신, 그저 있는 그대로 받아들이고 마주합니다. 그런 다음에는 이미 발생한 '과거(흉터)'를 어떤 형태로든 살리는 거지요.

설령 흉터가 남더라도,
'빛나는 내일을 위한 계기'로 삼기만 한다면야
흉터는 얼마든지 '희망'이 될 수 있습니다.

"어떠한 사실이 직접적으로 나 자신에게 영향을 미치지는 않습니다. 사실은 해석을 거쳐서 비로소 나에게 영향을 미칩니다."

– 가토 다이조(사회학자)

인간은 아래와 같은 수순에 따라 행동합니다.

❶ 사건(사실) → ❷ 해석(의미 부여) → ❸ 감정 → ❹ 행동

'사건(사실)' 자체가 우리에게 영향을 미치기보다는 사건을 어떻게 '해석(의미 부여)'하는가로 '감정'이 달라지고, '행동'이 달라지고, '세상(인생)'이 달라집니다.

사건을 어떻게 해석할지, 어떤 의미를 부여할지는 찰나의 순간, 단 1초 만에도 선택할 수 있습니다. 달리 말해 세상은 1초 만에 바뀔 수도 있다는 뜻이에요. 해석만 달리해도 세상은 얼마든지 멋진 곳이 될 수 있습니다. 본디 세상은 어느 한쪽으로 치우치지 않은 새하얀 캔버스와 같고, 이를 얼마나 흥미롭고 다채롭게 채울지는 오롯이 우리의 '관점'에 달렸거든요.

일상에서 겪는 일을 어떻게 해석하면 좋을까?
어디에 초점을 맞춰야 삶이 조금 더 즐거울까?

이런 고민에 대한 뜻밖의 시선을 지극히 평범한 일상의 70가지 장면에 담았습니다.

'관점'이 바뀌면 '인식'이 바뀌고,
'인식'이 바뀌면 '세상'이 달리 보입니다.

이 책을 읽은 뒤에는 드넓은 창공에서 날개를 활짝 편친 새처럼, 한결 탁 트인 시선으로 내 삶을 바라볼 수 있을 겁니다.

준비되셨나요?
당신의 세상을 바꾸어줄 여행을
이제, 시작해 봅시다.

Contents

(1장)

실망이 설렘으로

찾고자 하면 보일 겁니다

2장

짜증이 개운함으로

꼭 해야만 하는 일이란 없습니다

4장

위기를 기회로
인식의 너비가 곧 우주의 너비입니다

⑤장

끙끙 앓을 바에는 새롭게 시작을

당신이 당신인 것만으로도 충분합니다

실망이
설렘으로

찾고자 하면
보일 겁니다

무미건조한 일상.
재밌는 일이 하나도 없다.
어떻게 해야 사는 게 즐거워질까?

**현실이 재미없는 게 아니라,
관점이 무미건조할 뿐입니다.**

　제 친구가 신인 코미디언으로서 대형 연예 기획사에 몸
담고 있을 때의 일입니다. 같은 기획사의 유명 코미디언이
자 배우인 치하라 주니어 씨가 특별 강사로 초청된 사내

강연에서 이런 대화가 오갔다고 해요.

"치하라 씨는 주로 언제 개그 소재를 구상하나요?"

"지금이라면 지금이고, 조금 전이라면 조금 전이고, 이제부터라면 이제부터랄까요? 하루 24시간 내내 재밌는 일, 웃긴 일들을 떠올리는 편이에요."

그냥 하는 말이 아니라, 정말로 그렇다는 거예요.

"어떻게 치하라 씨 주변에서는 재밌는 일이 그렇게 많이 일어날까요?"

뒤이은 질문에 치하라 주니어 씨는 이렇게 말했습니다.

"코미디언이라서 웃긴 일이 남들보다 많이 생기는 건 아니에요. 다만 우리는 사람들에게 웃음을 줘야 한다는 각오를 하고서 살잖아요. 그러니까 웃긴 게 유독 잘 보이는 거지요."

웃을 일이 많은 사람은
웃을 일을 발견하는 데에 초점을 둬요.
웃을 일이 그다지 없는 사람은

따분한 데에 초점을 두고요.

차이는 이것뿐이랍니다.

이 세상을 살아가면서 무엇을 경험하고 싶은가?

어떤 경험을 하겠노라 마음먹은 적 있는가?

무엇을 보고 싶은가?

무엇을 소중히 여기며 살고 싶은가?

나에게 행복이란 무엇일까?

이런 것들을 명확히 해보는 겁니다. 예전에 아내가 임신했을 시절, 그녀가 이런 말을 한 적이 있어요.

"임신부들 말이야. 길 다니다 보면 의외로 꽤 많이 보인다?"

임신부는 원래부터 많았을 거예요. 하지만 전에는 의식하지 못했던 거지요. 직접 그 입장이 되어보기 전에는 말 그대로 눈에 들어오지 않았을 뿐입니다.

의식이 바뀌는 순간, 눈에 들어오는 '현실'이 바뀌기 시작합니다. 우리의 의식이 바뀌면 단 1초 만에 이 세상이 달리 보일 수 있는 거지요.

외부에 있던 것들이 현실로 눈에 보이는 게 아니에요.

내 마음속에 자리한 그 무언가가 보이는 거예요.

그러면, 여러분은 무엇을 보고 싶나요?

3

평소 입고 싶었던 스타일의 옷을
피팅해 봤는데,
전혀 어울리지 않는다.

미래의 나는
제법 잘 어울릴 것이라
상상해 보자고요.

　얼마 전 쇼핑을 갔다가 라이더 재킷을 입어봤어요. 라
이더 재킷이라 하면 '록', '하드', '펑크' 같은 단어가 떠오
르잖아요. 밝고 유들유들하면서도 조금 소심한 구석이

있는 저와는 그야말로 정반대 이미지를 풍기는 스타일입니다. 사정이 그런 터라 라이더 재킷은 지금껏 걸쳐본 적조차 없었는데, 언제부턴가 자꾸 눈에 밟히는 겁니다. 그래서 이번에 도전해 봤지요.

하지만 재킷을 걸치고서 막상 거울을 보니 쥐구멍에 숨고 싶을 만큼 안 어울리더라고요. 얼굴이 화끈거릴 정도로요. 민망한 기분에 멋쩍게 웃으면서 옆에서 도와주신 점원분께 "참 안 어울리네요~" 하고 말했습니다.

그런데 점원분이 사뭇 진지하게 이렇게 말씀하시는 겁니다.

"고객님, 잠시만요……. 안 어울린다고 바로 속단하지는 않으셨으면 좋겠습니다. 어릴 때는 별로 안 좋아했던 음식을 커 가면서 좋아하게 된 적 없으신가요?"

그러더니 이런 말씀을 하시더군요.

"저는 라이더 재킷을 30대가 되어서야 입기 시작했어요. 그전까지는 주로 테일러드 재킷을 입었고요. 라이더 재킷 특유의 거친 이미지에 왠지 모를 거부감이 있었거든요. 그런데 지금은 쉬는 날엔 거의 라이더 재킷만 입어요.

**지금은 이 옷이 어울리지 않는다고 생각하실
수 있어요. 하지만 미래 일은 모르는 거잖아요.
지금 어울리는 옷은 이미 충분히 가지고 있지
않으신지요? 그럼 앞으로 어울릴 옷에 도전해 볼
여지를 남겨두는 것도 좋지 않을까요?"**

앞으로의 나에게 어울릴 옷에 도전해 보기라니. 순간
'그것이야말로 패션(Fashion)이구나. 바로 열정(Passion)인
거구나.' 그런 생각이 강렬하게 스쳤습니다.

예전에 어땠는지가 아니라, 앞으로 어떻게 하고 싶은지
를 그리며 살아야겠다고 말이죠.

**지난날의, 지금까지의 내 모습에 머물며
생각하는 것이 아니라
'미래의 내 모습'을 기준으로 생각하기.**

중요한 것은 '지금까지'가 아닌 '다가올 날'입니다.

지금 제 옷장에는 멋들어진 라이더 재킷이 걸려 있습니다. 조만간 강연에 입고 가려고요.

여러분도 새 옷을 입고, 새로운 나 자신을 만나보는 것은 어떤가요?

4

기대하며 어렵게 찾아간 식당이
하필이면 임시 휴업!
지지리 운도 없지.

텅 빈 가게에 들어가면
금전운이 따른다고 합니다.

가는 날이 장날이라고, 오래전부터 가보고 싶어 벼르
던 맛집을 드디어 찾아갔는데 공교롭게도 문을 닫았다! 이
때의 상심은 이루 말할 수 없죠. 저도 이 마음 잘 알아요.

얼마 전에도 일을 마치기가 무섭게 단골 라멘집에 달려갔는데 정기 휴무인 거예요. '왜 나에게 이런 시련을……' 하며 저도 모르게 눈물 찔끔 날 뻔했지 뭐예요.

여하튼 이럴 때 저는 주변을 둘러보고 개중에 가장 한산한 음식점을 찾아 들어갑니다. 들어보셨을지 모르지만, 손님 없이 텅 빈 가게에서 식사를 하면 금전운이 좋아진다는 속설이 있어요.

사회학과 교육학 박사이자 심리학 박사인 고바야시 세칸 씨에게 배운 건데요. 그의 말에 따르면 '돈에도 마음이 있다'고 합니다.

돈의 마음도 사람의 마음과 마찬가지여서
반겨주는 만큼 좋아한다는 거예요.

장사가 아주 잘 되는 가게에서 지불하는 만 원보다, 손님이 없는 가게에서 만 원을 쓸 때 가게 입장에서는 더 반가울 수밖에 없어요. 그리고 돈은, 더 크게 환영받는 씀씀이를 하는 사람에게 붙고 싶어 하는 성질이 있다고 합니다. 그래서 텅 빈 가게에서 돈을 쓰면 금전운이 좋아진다는 도식이 성립하는 거지요.

맛있기로 소문나 문전성시를 이루는 음식점에 가는 것은 당연히 행복합니다. 그리고 텅 빈 음식점에 가는 것도 금전운이 좋아지니 행복하고요. 어느 쪽이든 행복하긴 매한가지라는 뜻이랍니다!

생각하기에 따라 행복은 커집니다.

유명 코미디언이자 배우, 연출가이기도 한 하기모토 긴이치 씨도 비슷한 습관이 있습니다. 하기모토 씨는 지방에 내려가면, 줄 서서 기다려야 먹을 수 있는 인기 라멘집에 가 달라고 택시 기사님에게 청한다고 합니다.

대기 줄이 긴 음식점 주변에는 손님이 한 가게에 몰리는 바람에 한산한 음식점도 있기 마련이에요. 하기모토 긴이치 씨는 그중에서 부러 손님 없는 가게를 찾아 들어간다는 겁니다. 그러고는 "여기 맛있네요!" 말하면 가게 주인이 활짝 웃으며 기뻐한대요. 단순히 금전운 때문에 그러는 것은 아니고, 그저 밝게 웃는 가게 주인의 얼굴이 보고 싶어서라고 하네요.

식사는 보통 나 자신을 기쁘게 하는 행위잖아요. 하기
모토 씨는 식사마저도 '타인에게도 기쁨을 주는 행위'로
즐기는 거지요. 음식 즐기는 방법에 도가 텄다고나 할까
요. 과연 '시청률 100%의 남자'라 불린 사람의 관점은 남
다르다는 생각이 듭니다.

무언가를 던지면
그대로 돌려받기 마련이에요.

기쁨을 던지면,
기쁨이 돌아옵니다.

'맛'과 '기쁨' 모두를 맛봅시다.

5

반드시 타야 했던 기차를
놓쳐버리고 말았다!

괜찮아요!
'인생에는 늦지 않았어!' 하고
심호흡하는 거예요.

대학교수로 재직 중인 지인이 인도에 갔을 때 겪은 이야기입니다. 빠듯한 일정을 맞추기 위해서 그는 특정 시간에 오는 기차를 반드시 타야 했다고 합니다. 기차 시간에

늦지 않으려 택시를 잡아타고서 "최대한 빨리 가주세요!" 하고 부탁했는데, 그만 도로가 꽉 막혀 버린 거죠. 다급해진 지인이 "진짜로 빨리 못 가면 큰일 나요." 하고 인도인 택시 기사님께 하소연했더니, 기사님이 이렇게 말했다는 겁니다.

"기차를 놓치면 일에는 늦을지 모르지만,
그렇다고 당신 인생을 놓치는 건 아니잖소?"

과연 '0'(제로)의 개념을 발견한 인도인다운 대답입니다. 뭐랄까 조금 갸웃하게 되긴 하는데, 묘한 설득력이 있다고나 할까요.

꼭 타고자 했던 기차를 어떤 이유로든 놓쳤다면, 받아들이는 것 말고는 달리 방법이 없습니다. 시간을 되돌릴 수는 없으니까요.

그렇다면 발을 동동 구르기보다는 '인생을 놓쳐버린 건 아니잖아!?' 하고 가슴을 쭉 펴고서 숨을 깊이 들이마셔 보는 겁니다. 그러면 그 후에 이어지는 상황도 틀림없이 좋은 방향으로 흘러갈 수 있을 거예요.

**미래는 '지금의 내 마음'이
만들어내는 것이니까요.**

그러니, 가쁜 숨을 몰아쉬며 역까지 달려갔음에도 불구하고 지하철을 눈앞에서 놓쳐버렸다면,

**"덕분에 운동 제대로 했네.
살도 조금은 빠졌겠지?
오늘 저녁은 더 맛있게 먹을 수 있겠다."**

이렇게 생각해 보는 거지요.

6

길바닥에 돈이 떨어져 있는데……!
가까이 보니 고작 10원짜리 동전.
주워야 해, 말아야 해?

10원 = 금전운.
'기다려, 내가 갈게!' 하고
바로 구해주세요.

　어느 재력가가 길을 걷다가 10원짜리 동전이 인도에 떨어져 있는 것을 발견했습니다. 재력가는 동전을 집기 위해 몸을 숙이면서 작은 목소리로 무어라 중얼거렸죠. 동행하

던 이가 "방금 뭐라고 말한 거예요?"라고 물었더니 놀라운 대답이 돌아왔습니다. 과연 재력가는 길에 떨어진 10원짜리 동전에 뭐라고 속삭였을까요?

"기다려, 내가 구해줄테니."

그랬다는군요.(하하) 역시 부자가 된 사람은 단돈 10원을 대하는 태도도 다르다는 생각이 드네요. 10원짜리 동전도 마치 사랑하는 이를 대하듯이 소중히 여깁니다.

단돈 10원도 허투루 여기지 않는 사람.
돈은 이런 사람을 따라다니기 마련입니다.

어떤 재력가는 도랑에 빠진 10원을 꺼내겠다고 도로에 쭈그려 앉아서 필사적으로 손을 뻗기도 했다고 합니다. 고작 10원을 꺼내려고 말이죠.

부자는 10원짜리 동전을
'고작 10원'으로 여기지 않아요.

10원을 '금전운' 그 자체로 보는 겁니다.

10원짜리 동전이 모이면 100원이 되지요. 100원짜리 동전이 모이면 1,000원이 되고요. 1,000원짜리 지폐가 모이다 보면 마지막에는 신사임당(5만 원권)이 된답니다.

'10원을 구해준 이에게 동전과 지폐에 새겨진 조상님들이 고마움의 인사를 전하러 찾아올 거야.' 이렇게 생각하면, 길에 떨어진 10원짜리 동전을 발견했을 때 절로 신바람이 난답니다.

**10원을 발견하고는 자신도 모르게
"오예!" 하고 주먹을 불끈 쥘 수도 있으니
아무쪼록 조심해야 할 것 같네요.(하하)**

인생은 정말이지 단순합니다.
무언가를 소중히 여김에 따라, 나 역시 소중한 존재로 여겨집니다.

7

빠진 머리카락을 보면
우울해진다.

그렇다면
빠지지 않은 머리카락에
감사해 본 적은 있나요?

가령 당신 곁에 이런 사람이 있다면 어떨 것 같나요?
오로지 당신을 위해 쉼 없이 일하는 사람. 단 하루도 휴가
낸 적 없고, 청구서를 들이밀지도 않아요. 그저 순수하게

당신을 위하는 마음 하나로 움직입니다. 심지어 불평 하나 없이요. 이렇게 그저 묵묵히 당신을 위해 일하는 누군가가 있다면 어떤 마음이 들까요.

이런 사람이 세상에 어디 있냐고요? 그게, 있더라고요. 가장 가까이 말이지요. 바로 우리 심장 이야기입니다. 심장은 내가 태어난 뒤로 단 1초도 쉬지 않고 두근두근 뛰고 있습니다. 위도 마찬가지지요. 내가 아무것도 하지 않을 때도, 잠을 잘 때도 위는 음식물을 소화하느라 바쁩니다. 몸은 나의 생명을 유지하려 24시간 일합니다. 나를 위해서 휴가도 쓰지 않고, 청구서도 들이밀지 않고요.

그런데 우리는 이런 몸에
감사해 본 적 얼마나 있던가요?

어머니와 함께 암으로 투병 중인 친척분 병문안을 간 적이 있습니다. 친척분은 항암 치료의 후유증으로 탈모가 진행되어 침대 곳곳에 머리카락이 떨어져 있었습니다. 그걸 본 어머니가 이렇게 말씀하시더군요.

"에고, 머리카락들이 이렇게나 열심히 버텨줬네."

그러고는 빠진 머리카락을 부드럽게 어루만지시는 겁니다. 친척분도 꽤 놀란 눈치셨어요. 그전까지는 빠진 머리카락을 볼 때마다 한없이 울적했는데, 어머니의 말을 듣고 보니 빠진 머리카락이 고맙고 애틋하다고도 하셨습니다. 표정도 한결 밝아지셨고요.

받아들이는 마음이 바뀌니 얼굴에도 금세 변화가 나타난 거죠. 전 어머니께 물었습니다.

"엄만 어떻게 그런 생각을 다 했어?"

"그야 당연히 네가 쓴 책들을 세 번씩은 읽으니까."

정말이지, 부모는 위대합니다.(하하)

우리는 이가 아플 때는 앓는 소리를 하지만, 멀쩡할 때는 딱히 고마워하지 않아요. 머리카락이 빠지면 불평과 걱정을 늘어놓지만, 빠지기 전에는 고마움의 '고'자도 생각나지 않죠.

늘 최선을 다해 작동하는 몸을 생각하며, 가끔은 자신의 몸을 다독여 주세요. 고맙다고 말하면서 온몸을 쓰다

듣어 주는 거예요. 몸이 내는 목소리에도 더욱 귀 기울여 주세요. 나를 위해서 단 1초도 쉬지 않고 성실히 일하는 몸이니까요.

내 몸에 감사하기.
자신을 소중히 여긴다는 것은 이런 거예요.

그리고 신기하게도, 자기 자신을 소중히 여기면 주변에서도 소중히 여기기 마련입니다.

짧은 이야기 하나를 덧붙일게요. 한때 일본 호스트 업계의 제왕으로 불렸고, 지금은 탁월한 통찰력을 지닌 사업가이자 방송인으로 널리 알려진 롤렌드 씨가 한 방송에 출연했는데요. 염색을 많이 한 탓에 머리가 많이 빠져 고민이라는 사연자에게 그는 이렇게 말했다고 합니다.

"제 생각은 이래요. 날 따라오지 못하는 머리카락은 그냥 다 빠져버려!"

탈모 앞에서 이토록 의연한 마음가짐이라니! 이 말은 이 말대로 감탄스럽네요.(하하)

8

'요새 살찐 거 아니야?'
라는 말을 들어버렸다.

'살찐 게 아니라
모나지 않게 관리한 거야.'
라고 답합시다.

코미디언은 대중뿐 아니라 주변 사람들에게도 인기가
많습니다. 그래서인지 배우와 결혼한 코미디언도 적지 않
죠. 그처럼 인기가 많은 비결을 어느 코미디언에게 들은

적이 있습니다.

예를 들어볼게요. "너 부쩍 머리가 휑해진 것 같다?" 누군가가 이렇게 말하면 얼마나 충격이 클까요? 이럴 때 코미디언은 이렇게 받아친다고 합니다.

"말이 좀 심하네? 어디가 휑하다고!
딱 기다려. 봄 되면 새로 돋아날 테니까."

이런 말 뒤에 "머리카락이 무슨 풀이냐?!" 하고 핀잔 같은 농담을 주고받으며 웃고 나면 뿌듯하기까지 하다는 거예요. "요즘 살 좀 찐 거 같은데?"라는 말에는 이렇게 받아칩니다.

"뭘 모르는 소리한다. 이건 말이야.
어디 모난 구석 없이 부드러워지게 관리한 거라고."

코미디언은 자기 콤플렉스도 유쾌한 웃음으로 승화시켜 상대방과의 거리감을 순식간에 좁히는 능력이 탁월합

니다. 구구절절 자기 자랑을 늘어놓기보다는 자신의 단점
이나 콤플렉스를 재치 있게 드러내어 웃음을 자아내니 모
두가 즐겁고, 심리적 거리감이 자연스럽게 좁혀지면서 호
감도도 올라가는 거지요. 코미디언이 인기가 많은 이유를
알 듯합니다.

언뜻 콤플렉스나 결점으로 보이는 것도, 있는 그대로
받아들여 개그 소재(개성)로 삼을 수 있어요.

「포켓몬」의 '피카츄'가 진화하면 '라이츄'가 되죠. 그럼
'결점'의 진화형은 뭘까요?

'결점'을 받아들이고 나면

진화해서 '애교'가 되고, 매력 요소로 바뀝니다.

결점이 나에게 없어서는 안 될 포인트가 되는 거죠.

저와 오랜 인연이 있는 어느 회사의 대표님의 이야기
를 예로 들려드릴게요. 그분은 직원 개개인의 개성과 특성
을 함께 포용하기 위해 결점과 약점을 사랑스러운 캐릭터
로 바꾼 별칭으로 부른다고 해요. 가령 분위기 파악이 서
툰 직원에겐 '뜬금포 보이', 말이 구구절절 긴 직원에겐 '서

사의 여왕' 같은 별명을 붙이는 거죠. 결점과 약점을 내 캐릭터로 받아들이고, 이를 주변 사람들이 웃으면서 인정해주면 마음속 긴장을 덜고 편안해질 수 있기 때문이라고 하더군요.

장점 뒤에는 반드시 단점(결점)이 있기 마련입니다. 동전에 앞면과 뒷면이 있는 것처럼요. 뒷면을 지우면 앞면도 사라지는 거예요. 그러니까 차라리 단점도 즐겨보는 게 어떨까요.

'으이그, 귀엽다. 사람 냄새나는 거지 뭐.'

이렇게 말이죠.

9

몇 번이고 다이어트에 도전했지만
결과는 늘 실패.
나란 인간, 뭐가 문제야.

당신에게 부족한 것은
의지가 아니라 보상!

다이어트에 수도 없이 실패한 당신에게.

'나란 인간 진짜 근성 없다. 뭘 해도 안 될 거야.' 이렇게
자책할 필요 없습니다. 당신에게 부족한 것은 의지가 아니

라 보상이니까요. 만약 누군가가 '한 달에 3kg 빼면 10억 드립니다.' 이렇게 제안한다면 3kg 빼는 것쯤은 식은 죽 먹기 아닌가요?!(하하)

진심으로 신이 나고 마음이 설레면 어떤 난공불락의 성도 허물어버리는 존재가 바로 우리 인간입니다.

그러니 몇 번이고 실패한다면
의지나 재능이 없어서가 아니라,
'설렘이 부족해서 그렇구나.' 이리 해석해 보세요.

다이어트에 성공하면 '남태평양의 섬 같은 멋진 휴양지로 여행'과 같은 보상을 나 자신에게 주는 것은 어떨까요? 여행지에서 입을 근사한 옷과 수영복을 한 치수 작은 것으로 미리 사둡니다. 살을 빼야만 입을 수 있는 옷을 먼저 사서 집에 걸어두는 거죠.

다이어트에 성공하면 뭐 하지? 그다음에는?
그다음에는 얼마나 좋은 일이 생길까?

그다음은? 그다음은? 그다음은? 그다음은?
그다음은? 그리고 그다음에는?

다이어트에 성공하면 얼마나 즐거운 미래가 기다리고 있을까요? 그다음, 또 그다음을 한껏 구체적으로 상상하면서 머릿속에 떠오르는 대로 모두 노트에 적어봅시다.

아무리 치워도 집이 깨끗해지지 않는다는 고민도 이 방법으로 해결할 수 있습니다. 한 달 동안 집을 깨끗하게 정리하며 지내면 1억 원을 받을 수 있다고 생각해 봅시다. 집 정리쯤은 뚝딱일 거예요. 가슴 설레도록 신이 나면 꼭 이뤄내고야 마는 저력이 우리에게는 있습니다. 집을 깨끗이 치우면 어떤 좋은 일들이 생길지, 가슴이 두근두근할 때까지 적어보는 거예요.

당신의 의지가 부족해서가 아니랍니다.

그저, 아직 설렘의 스위치를
누르지 않았을 뿐이에요.

'아니. 그래 봐야 난 설레는 일이 하나도 없다고.'

혹시 지금 이렇게 생각하셨나요? 그렇다면 아직 주변에 눈길이 덜 미쳤기 때문일 뿐입니다. 세상에는 재미있는 일이 아주 많습니다. 아름다운 것들도 가득하고요. 맛있는 것들도요.

찾고자 한다면 분명히 보일 겁니다.

10

'내 인생이, 밑바닥 같아.'
그렇게 느껴질 때에는…….

**'인생은 궁터렁이!'라고
외치고 둘러보면
보물이 보일 거예요.**

　다수의 베스트셀러를 쓴 작가 모리사와 아키오 씨가 들
려준 이야기입니다. 외국어를 자유롭게 구사하는 한 친구
가 어떤 문제로 심각하게 고민하다가 불쑥 꺼낸 한마디가

이랬다고 합니다.

"후, 내 인생은 궁터렁이야……."

외국어 공부를 너무 열심히 해서일까요? '구렁텅이'를 '궁터렁이'라고 잘못 말했다는 겁니다. 덕분에 주변에 있던 사람들은 박장대소. 모두 한결 기분이 유쾌해졌다고 합니다.

설령 인생이 구렁텅이에 빠졌을지라도, '궁터렁이'라고 소리 내어 말해보면 잠시나마 웃음 지을 수 있고 밝은 기운이 스밉니다. 마음이 괴로울 때 시험 삼아 '궁터렁이'라고 열세 번만 말해보세요.

**"궁터렁이궁터렁이궁터렁이궁터렁이궁터렁이
궁터렁이궁터렁이궁터렁이궁터렁이궁터렁이
궁터렁이궁터렁이궁터렁이"**

어떤가요?

기분이 바닥을 칠 때 소리 내어 말해보는 거예요. 한없이 꺼지는 듯한 기운을 북돋아 주는 강력한 주문으로요. 재미있는 영화에는 일종의 법칙이 있습니다. 주인공이 반드시 구렁텅이, 어 그러니까 궁터렁이에 빠진다는 거죠. 궁터렁이에 빠지지 않는다면 그건 주인공이 아니라 조연일 가능성이 큽니다!(하하)

영화에서든 소설에서든, 주인공은 인생을 바꿀 만남과 깨달음을 궁터렁이에서 맞닥뜨리게 되어있답니다.

왜냐하면…… 인생의 보물은
커다란 시련 즉, 구렁텅이의 밑바닥에
감추어져 있기 때문입니다.
'궁터렁이'는 인생 최고의 전환점을
맞이할 수 있는 곳입니다.

세계적인 싱어송라이터 폴 매카트니는 14세에 모친을 암으로 떠나보냈습니다. 말로 다 못 할 슬픔이었겠지요. 어머니를 잃은 슬픔을 딛고 일어나기 위해서 폴 매카트니는 기타 연습에 매진했습니다.

그런데 공교롭게도 존 레넌도 17세에 교통사고로 어머니를 떠나보내고, 슬픔을 견디기 위해 음악에 빠져 지냈다고 해요. 두 사람의 천재적인 음악성은 어머니를 먼저 떠나보낸 고통을 딛고 일어나는 과정에서 꽃피었다고도 할 수 있겠습니다. 그렇게 탄생한 밴드가 바로 전설적인 밴드 비틀스입니다.

폴 매카트니는 존 레넌을 회상하며 이렇게 말했다고 해요. "아무리 세월이 흘러도, 어머니를 떠나보냈을 때의 슬픔이 밀려와 몇 번이고 둘이서 함께 울곤 했다."

훗날 세상을 뒤흔든 두 사람의 깊은 인연은 인생의 밑바닥을 공유하면서 생겨난 셈이지요.

구렁텅이 어딘가에는 반드시 희망의 씨앗이 떨어져 있습니다. 무슨 씨앗인지 처음에는 알 수 없어요. 아마 몇 년이 흐른 뒤쯤에는 알게 될 테지만요.

바닷속에서 한들한들 흔들리는 다시마에서 육수가 우러나지 않는 이유, 혹시 아시나요? 다시마, 표고버섯, 가다랑어포. 주로 육수를 우릴 때 쓰는 재료에는 공통점이 있습니다. 그건 바로 바싹 말랐다는 점이에요.

한 번 바싹 마르지 않으면,
육수는 우러나지 않아요.

그렇습니다. 구렁텅이는 '나다움'이라는 고유의 맛을 극대화하는 숙성 기간인 셈이에요. 우리는 궁터렁이에서 '나다움'이라는 값진 선물을 발견할 수 있을 겁니다.

'궁터렁이' 만세!

궁터렁이!

11

으앗!
방금 산 새 찻잔을
써보기도 전에 깨뜨려버렸어!

'액땜했네!'
하고 만세삼창합시다.

제 모친의 이야기를 또 들려드려야 할 듯 합니다. 유리
잔이 깨진 상황을 어떻게 받아들이면 좋을지 프롤로그에
서 말했었는데, 조금 다른 관점도 있습니다.

어머니는 덤벙거리다가 접시를 자주 깨뜨린답니다. 외출 준비를 서두르다가 물건을 떨궈서 망가뜨리는 일도 종종 있고요. 그럴 때마다 어머니는 불길함에 사로잡히곤 했습니다. 하지만 발상 전환 전문가인 저를 키워낸 분이잖아요. 그런 일이 있을 때마다 침울해져서야 엄마로서의 체면이 말이 아니죠. 그래서 이렇게 생각해 보기로 하셨답니다.

**"아⋯⋯ 그래!
나를 대신해서 접시가 깨져준 거구나?"**

그렇게 생각하니 자신을 대신해 깨진 접시에 고마운 마음이 절로 들었다고 합니다. 과연 저 같은 녀석을 길러낸 분답다는 생각이 듭니다.(하하)

사실 중국에도 이와 비슷한 믿음이 있습니다. 긴 여행을 떠나기 전에 헌혈을 하면 무탈한 여행이 될 것이라는 속설이 있다고 해요. 여행 전에 먼저 피를 흘리고 액땜한 셈 친다는 거예요.

혹은 무언가를 깨뜨렸을 때 이렇게 생각할 수도 있을 겁니다.

**"내 껍질이 깨졌어.
드디어 나다워질 때가 온 거야!"**

상심할지, 미소 지을지는 생각하기 나름입니다.

휴대폰이 먹통이 되거나 컴퓨터가 고장 나면 '왜 하필 지금 이 타이밍이야!' 하고 짜증과 조급함에 발을 동동 구르게 되잖아요. 하지만 조금 억지스럽더라도 '날 대신해서 액땜해 주었구나.'라고 생각하면 낭패감만 가득하기보다는 다행스러운 마음이 자연스레 생깁니다.

초조한 마음은 불안한 미래를 부르고, 감사하는 마음은 활짝 웃는 미래를 끌어당긴답니다.

**인생이라는 게임은
어떻게 받아들이느냐에 따라
미래가 여러 갈래로 뻗어나가는
평행우주와 같습니다.**

12

비가 내리는 날은
어쩐지 울적해진다.

비 오는 날에는
농부들이 기뻐서
덩실거리는 모습을 상상해 보세요.

　한번은 친환경 벼농사를 짓는 어느 농가를 방문한 적이
있는데요. 당연한 말이지만, 그곳 분들은 벼를 무척 애지
중지 키우고 있었습니다. 친환경 농법의 일환으로 겨우내

논에 물을 받아두는데, 추운 날이 이어지면 논물이 얼지 않도록 논에 따뜻한 물을 아낌없이 대준다고 하더군요. 마치 열이 나는 아이 곁을 밤새워 지키는 어머니처럼 사랑을 듬뿍 쏟으며 벼를 돌보고 있었습니다. '흙 상태는 어떻지? 물은 괜찮은가? 잡초가 많지는 않은가?' 이렇게 항시 벼에 온 마음을 다하는 겁니다. 그런 농부님이 이런 말을 했습니다.

"벼농사를 지으면서 달라진 점이라면, 이젠 비 오는 날이 그렇게 반갑고 좋을 수가 없다는 거지요."

'이런, 비가 오네. (번거롭게 우산 챙겨야겠네.)' 우리는 이렇게 비 오는 날을 못내 아쉬워하죠. 그런데 알고 보니 비오는 날은 벼에도, 농부에게도 가장 은혜로운 날이더라고요. 농부님 이야기를 들은 뒤로, 비 내리는 날이면 환하게 미소짓는 그분들의 얼굴이 떠오릅니다.

이리 해석하니 맑은 날은 산뜻해서 기분이 좋고, 비 오는 날은 또 다른 기쁨으로 즐거울 수 있게 되었네요.

세상에 '좋은 날씨'의 정의는 없어요.
오늘 날씨가 좋은지 아닌지는
내가 정하면 됩니다.

오늘은 날이 참 좋네요.

"비 오는 날은 비 오는 대로
 바람 부는 날은 바람 부는 대로"

- 아이다 미쓰오(시인)

부정적인 감정과
잘 지내는 법 ①

**그럼에도 불구하고
마냥 긍정적으로 바라보기 힘든 당신에게**

○

현실은 얼마든지 다른 관점으로 바라볼 수 있음을 여러 경험담과 실례로 들려드렸습니다. 하지만 머리로는 이해해도 부정적인 감정에 휩싸여 있을 때는 그처럼 자유롭게 해석하고 받아들이기가 결코 쉽지 않은 게 사실이지요.

앞으로 네 차례에 걸쳐 진행할 이 코너에서는 부정적인 감정과 사이좋게 지내는 방법을 이야기해보려고 합니다. 이름하여 'TAKE A BIRD'S-EYE VIEW OF YOUR LIFE'. 마치 하늘을 나는 새가 되어 나 자신을 내려다보듯이, 내 감정을 객관적으로 바라보는 구체적인 방법을 알려드릴게요.

먼저 '내 감정'을 '타인'을 보듯 바라보아야 합니다. 솟아오르는 생각과 감정을 밀어내거나 부정하지 않고, 판단하지 않고, 그저 있는 그대로 바라보는 겁니다.

우리는 자각하지 못하는 사이에 자신의 솔직한 감정을 부정하곤 합니다. 가령 싫다는 생각이 들면서도 '싫다고 생각하면 안 되겠지? 이렇게 생각하는 내가 문제야.' 하고 나 자신을 부정해 버려요. 그런데요. '저 사람 용서 못 해!' 하고 생각해도 아무 문제가 없어요. 괜찮습니다. 싫은 사람을 좋아하려고 억지로 애쓰지 않아도 돼요.

내가 느끼는 감정을
'좋고 나쁨'으로 판단하지 않고
있는 그대로 솔직히 받아들이는 것이
중요한 첫 걸음입니다.

'내가 문제야.' 이런 식으로 내가 느끼는 감정을 부정하면 오히려 마음에 반발심이 생깁니다. 바다에 빠졌을 때 가라앉지 않고 수면 위에 떠 있기 위해서는 최대한 몸에 힘을 빼야 한다고 하지요. 감정도 마찬가지입니다. 좋다 나쁘다를 판단하지 말고, 있는 그대로 느껴야 저항이 줄고 좀 더 가벼이 수면에 떠 있을 수 있습니다.

일단 몸을 띄우고 나면, 숨도 마음껏 쉴 수 있고 경치도 제법 볼만할 거예요. 그런 후에 '이제 어떻게 하면 좋을까'를 생각해 보고, 원하는 곳으로 가면 돼요.

불편한 감정이 내 몸 어디쯤에 있는지
상상해 보고, 감정에 이름을 붙여주세요

'부정적인 감정'을 내 안에 사는 '타인(반항적인 학생)'이라고 생각해 봅시다. 내 감정을 '타인'이라 여기고 바라보면 객관화하기가 한결 수월해지거든요. 이 반항적인 학생은 인정받고 싶은 마음으로 나쁜 행동을 저지르지만, 자신을 인정해 주는 선생님 앞에서는 활기차고 모범적인 학생이 되기도 합니다. 감정도 마찬가지예요.

분노, 불안, 두려움, 질투 같은 부정적인 감정은 얼마든지 내 안에 있을 수 있습니다. 우리는 그저 이런 감정들이 머무를 장소를 마련해 주면 돼요. 그럼, 구체적으로 어떻게 해야 할까요?

먼저 감정이 머무는(머문다고 상상한) 신체 부위를 특정한

다음에 이름을 붙여주세요. 감정은 몸의 감각과 연결되어 있습니다. 먼저 '이 부정적인 감정은 내 몸 어디에서 오는 걸까?' 하고 스스로에게 물어보는 겁니다.

◎ 너무 많은 책임을 지고 있는 것에서 비롯되는 괴로운 감정은 '어깨가 무겁다'는 말에서처럼 흔히 **어깨**에 나타납니다.

◎ 하고 싶은 말을 꾹 참으며 억누르는 감정은 **목**.

◎ 애정 결핍, 외로움, 자기 혐오는 '마음에 구멍이 뻥 뚫린 것 같다'는 말처럼 **가슴**.

◎ 내키지 않는 일을 꾹 참으며 할 때 받는 스트레스는 '위를 쥐어짜는 것처럼 아프다'는 말처럼 **위장**.

◎ 불안, 공포, 분노는 **하복부**에 나타날 때가 많습니다.

이렇게 신체 부위를 특정했다면, 내가 느끼는 감정에 사랑스러운 이름을 붙입니다. 감정에 이름을 붙이면, 한 발 떨어져서 한층 객관적으로 감정을 바라볼 수 있거든요.

누군가에게 쓴소리를 듣고서 기분이 영 개운치 않을 때, 저는 이렇게 합니다. 먼저 불편감을 느끼는 신체 부위를 특정하는 거예요. 전 하복부에 그 감정이 깃든 것처럼 느꼈고, 하복부의 불편감에 '퍼피'라는 이름을 붙여주었습니다. 그런 다음에는 친한 친구와 함께 시간을 보내듯이 퍼피를 있는 그대로 느껴보는 거죠.

이렇게 3분 정도 있다 보면 불편감이 느껴지던 아랫배에 점점 온기가 감도는 것처럼 느껴진답니다.

부정적인 감정을 밀어내지 않고
곁에서 지켜봐 주면 금세 따스해집니다.

정말로 신기하니까 한 번쯤 직접 해보세요. 불편한 신체 부위를 손으로 '착하다, 착해' 하고 쓰다듬어 주는 것도 아주 좋습니다.

부정적인 감정에 입이 있다면 뭐라고 말할지, 감정이 하는 말에 귀 기울여 보세요

신체 부위를 특정해서 감정에 이름을 붙여주었다면, STEP 2에서는 감정이 하는 이야기(속마음)를 처음부터 끝까지 들어주는 겁니다.

저는 조금 전 싫은 감정에 퍼피라는 이름을 지어줬지요. '퍼피에게 입이 있다면 과연 뭐라고 말할까?' 이런 가정으로 퍼피의 변명을 처음부터 끝까지 들어주려 합니다.

'퍼피, 왜 그렇게 화가 났어?'

'뭐가 널 그렇게 두렵게 만든 건데?'

'다 괜찮아지면 어떻게 하고 싶어?'

이렇게 퍼피가 느끼는 것들을 빠짐없이 들어줍니다.

감정을 이해하고 나면 '그저 소중하게 대해 주기를 바랐던 거구나', '실은 그렇게 하고 싶었던 거구나' 하고 마음 깊은 곳에 감춰진 '진심'을 알 수 있어요. 저는 이 방법을 심리 상담가 야노 소이치 씨와 스즈키 겐지 씨에게 배웠습니다.

그 마음을 있는 그대로 인정해 주면 감정이라는 에너지는 당신 편이 되어줄 겁니다.

감정은 당신을 괴롭히려는 게 아니에요.
그저, 알아주었으면 하는 거예요.

2장

짜증이
개운함으로

꼭 해야만 하는 일이란
없습니다

13

늘 시간에 쫓겨 산다.

사실,
꼭 해야만 하는 일이란
없습니다.

"사실, 꼭 해야 하는 일이란 없어."

이렇게 소리 내어 세 번만 말해보세요. 어깨에 잔뜩 들어가 있던 긴장이 풀릴 겁니다.

후우~

자, 한결 가뿐해졌습니다.

본디 꼭 해야만 하는 일이란 없습니다.

마라톤 선수는 최선을 다해 죽기 살기로 달립니다. 그들이 무엇을 목표로 달린다고 생각하나요? 바로 결승점이지요. 그렇다면 우리 인생의 목표는 과연 무엇일까요? 고급 외제 차를 사는 걸까요? 아니면 근사한 저택을 짓고 사는 걸까요? 10억 모으기일까요? 모두 아닙니다.

우리 삶의 목표는 죽음입니다. 다시 말하면,

우리 인생의 목표는

얻은 것 모두를 손에서 내려놓는 것입니다.

맨몸으로 태어났다가, 모든 것을 놓아두고 저세상으로 가는 거죠. 그러니 꼭 손에 넣어야만 하는 게 있을 리가요. 반드시 해야만 하는 일도 물론 있을 리 없죠. 꽃에게 꼭 해야 하는 일이 없는 것처럼요.

'꼭 해야 하는 일 같은 건 아무것도 없어.' 이렇게 생각하면 조금은 마음이 편해지지 않나요? 이 생각을 바탕에 깔고 하고 싶은 일을 해보는 겁니다.

일본 융 심리학의 대가이자 일본 문화청장관을 역임한 가와이 하야오 씨의 말입니다.

**"요즘 사람들은 하나같이 무언가를 해내야 한다는
생각을 지나치게 많이 합니다."**

마지막으로, 여기서만 하는 이야기인데요. 비밀스러운 진실을 알려드릴게요. 실은, 저세상에 가져갈 수 있는 게 딱 하나 있습니다.

바로…… 추억입니다.
자, 이제 어떤 추억을 만드시겠습니까?

14

긍정적인 말 같은 거, 하고 싶지 않아.
그냥 불평이나 하고 싶어.

**불평한 뒤에
이렇게 덧붙여 보세요.**
'이야, 신난다.'

불평하고 싶을 때는 마음껏 투덜거려도 괜찮습니다.
그저 투덜거린 뒤 이렇게 덧붙여 보세요.

"이야, 신난다."

그러면 한껏 심각해지려는 자기 모습을 슬며시 웃음으로 지나쳐 보낼 수 있습니다. 마음에 작은 여유가 생기죠. 게다가 옆에 있는 사람에게 웃음을 줄 수도 있으니, 분위기도 부드러워질 거예요.

예를 들면 이렇게 말이에요.

"하…… 짜증 나. **이야, 신나네!**"
"걘 진짜 용서가 안 돼. **이야, 신난다.**"
"이거 맛이 별론데? **이야, 신난다!**"
"부장님 성격 정말 이상해~ **이야, 신나라!**"
"진짜 귀찮다! **으아, 신나네!**"
"나 살찐 듯? **와, 신난다.**"
"나 잘렸다? **이야, 신나네!**"

불평에 실린 무거운 에너지가 한층 가벼워집니다. 불평할 때마다 웃음이 새어 나오거든요. 일단 웃음이 나오면 더는 부정적이고 어두운 기운만 가득한 에너지가 아닙니다.

밝은 톤으로 투덜거리거나, 오페라 연기하듯 말해보는 방법도 있습니다.

"그 사람, 그냥 좀, 짜증 나~♪"
오페라 톤으로요.(하하)

불평을 하든, 독설을 날리든 피식하는 웃음이라도 새어 나오게 한다면 그건 아주 멋진 재능이에요.

파김치가 돼서 퇴근했는데,
집에 먹을 게 하나도 없다!

공복 시간과 건강은 비례해요.
공복은 곧 행복입니다.

학창 시절에 무도를 배운 적이 있습니다. 무도를 배우는
과정에서 일주일 동안 단식을 하기도 했는데요. 단식을 하
면 모든 감각이 예민해집니다. 제가 배운 무도의 창시자는

단식 기간에 집에서 문득 누군가의 시선을 느끼고 돌아봤더니 쥐와 눈이 마주쳤다고 해요.

이 에피소드를 듣고 진짜로 그런 일이 벌어질까 궁금했던 저도 일주일 동안 물만 먹으며 단식에 도전해 봤습니다. (성급하게 따라 하시면 안 돼요. 단식에는 위험이 따르므로 올바른 지도하에 이뤄져야 합니다.)

단식 이틀째에는 지하철역 계단을 오르는 것조차 힘에 부쳤어요. 그런데 나흘째부터는 익숙해진 덕인지 한결 괜찮았습니다. 다만 우리 집에는 애당초 쥐가 없었던지라, 아쉽게도 쥐의 시선을 느껴볼 수는 없었습니다.(하하)

일주일에 걸친 단식을 끝내고 가장 감동한 것이 무엇이었나 하면, 단식 후 첫 식사였습니다. 단식을 마친 뒤 처음으로 먹은 것은 죽 한 그릇에 매실장아찌 하나. 그게 어찌나 맛있던지요. 제 인생을 통틀어서 가장 맛있게 먹은 식사였습니다. 아직 그때의 감동을 뛰어넘는 식사를 해본 적 없을 정도니까요.

죽을 한 입 떠서 입에 넣는 순간, 쌀의 감칠맛이 온몸에 퍼져 나갔어요. 허기가 최고의 반찬이라는 말마따나 공복 상태라면 이미 행복이 절반은 채워진 셈이죠.

유명 가수이자 영화배우인 기무라 타쿠야 씨는 과거 잡지 인터뷰에서 간식을 먹지 않는다고 말한 바 있습니다. 식사를 맛있게 즐기기 위해서라고 해요. 제대로 된 공복 상태로 식사를 하면, 밥을 먹는 것만으로도 매일 행복을 느낄 수 있습니다.

'공복'은 곧 '구복(口福)'

입의 행복인 거죠.

공복에는 다른 효능도 있습니다. 신체에 가장 부담을 주는 것은 사실 먹는 행위입니다. 코알라와 판다는 하루에 짧게는 열 시간에서 길게는 스무 시간 잠을 잡니다. 하루 대부분을 자면서 보내는 셈이죠. 먹은 것을 소화하려면 그만큼 방대한 시간과 에너지가 필요하기 때문입니다.

식사량을 줄이면 자연히 몸의 부담도 줄어듭니다. 실제로 몸에서 중요한 역할을 하는 체내 효소는 음식을 소화하는 데 집중적으로 쓰입니다. 그런데 공복 상태가 되면 음식물을 소화하는 데 소모되는 대신 몸을 건강하게 유지하는 데 쓰이는 거죠.

매사추세츠공과대학교 연구진은 장수 유전자라 불리는 '시르투인sirtuin'을 발견했는데, 이 장수 유전자가 언제 활성화되는지도 함께 밝혀냈습니다. 그건 바로 공복일 때. 공복 상태일 때 장수 유전자는 활성화됩니다.

즉, 공복 상태가 있기에 매 끼니를 맛있게 먹으며 행복감을 느낄 수 있고, 건강할 수 있고, 오래 살 수도 있다는 거지요.

'공복감'은 그야말로 '행복'입니다.

그러니 퇴근하고 돌아왔는데 저녁거리가 마땅치 않다면, 먼저 배우자에게 감사의 마음을 전하세요. 그리고 나의 위장과 배우자를 잠시 쉬게 해주세요.

전 퇴근하고 집에 돌아오면 70%의 확률로 저녁거리가 없기 때문에 늘 이렇게 되뇌며 지내거든요. 앗, 마무리가 좀 이상한가요?

16

부모님의 잔소리,
정말 지긋지긋하다.

그 지긋지긋한 말이
나의 '뿌리'를
길러주었을 거예요.

생년월일로 개인의 성향을 봐주는 점성학 선생님이 말
하길, 저에게는 어린아이 같은 특성이 있다고 하더라고요.
'아이 같은 천진한 호기심과 행동력으로 지식의 폭을 넓혀가는 사람'이라나요.

아이 같은 특성 탓에 얽히고설킨 인간관계를 못 견디고 금방 도망치기 일쑤라는 말도 들었어요. 시간을 무료하게 보내는 것도 힘들어하고, 남의 지적이나 비판에 약하다고 합니다. 하지만 칭찬받으면 흥이 나서 누구보다 적극적으로 달려간다고 하더군요. 어쩌나 잘 맞던지요! 그러니 절 아낌없이 칭찬해 주셔도 됩니다.(하하)

그리고 다음으로 이어지는 말에 그만 콧잔등이 시큰해 지고 말았습니다.

"어린아이 같은 기질을 지닌 사람은 특유의 호기심과 행동력으로 지식의 폭을 넓혀나가지만, 똑같은 일을 반복 하는 힘이나 지속력, 인내심은 없어요. 1은커녕 0이에요. 아예 없어요."

이 말을 듣고서 눈물이 난 건데요. 제가 왜 그랬을까요? 사실 반복하는 힘, 지속력, 인내심. 이것이야말로 제가 너무나 잘하는 것들입니다. 2,000일 동안 블로그와 뉴스 레터를 하루도 빼놓지 않고 쓰면서 작가가 될 수 있었습 니다.

조금 길지만, 제가 울컥했던 이유를 들려드리고 싶어요.

어릴 적에 전 아버지가 싫었습니다. 무척 엄하셨던 데다 맨날 공부하라고 닦달하셨거든요. 워낙 극성인 아버지의 관리 아래 중학교와 고등학교, 가장 빛나는 청춘의 시절을 주말에 놀러 나가지도 못하고 집에서 여덟 시간이고 열 시간이고 공부만 했습니다.

당연히 여학생들과의 미팅 자리에 껴보지도 못하고, 홀로 집에서 사인, 코사인, 탄젠트, 국사 연표와 씨름했던 나날뿐이었어요. 일요일에 점심을 먹고서 텔레비전 앞에 앉아 「신혼부부 어서 오세요」일요일 낮에 방영하는 일본의 장수 예능 프로그램를 보는 게 주말의 유일한 낙이었지요.

그런 저는 재미있는 구석이라곤 눈을 씻고 봐도 찾을 수 없는 내성적인 사람이 되었고, 대학생이 되어서는 여자친구 없는 것을 아버지 탓으로 돌리며 아버지를 원망하기도 했습니다. 그런데…….

그런 아버지 덕분에 저는 '같은 일을 반복하는 힘', '지속력', '인내심'이 어마어마하게 붙었습니다. 그렇게 싫었던 공부도 하루에 여덟 시간이나 했으니까요. 진짜 좋아하는 일을 진득하게 할 수 있는 집중력이 길러진 거죠.

아버지는 저의 가장 큰 약점 세 가지를 어릴 적부터 바로잡아 주셨습니다. 19년이 넘는 세월 동안 작가로 행복하고 성실하게 활동할 수 있는 것은 그 덕분인 셈입니다.

'맑은 날에는 잎이 자란다.
비 오는 날에는 뿌리가 자란다.'

베스트셀러 작가이자 성공학 멘토인 후쿠시마 마사노부 씨가 한 말입니다. 문득 돌이켜봤을 때, 고개를 끄덕이는 날이 올 거예요.

지긋지긋하게 느껴졌던 무언가가,
사실은 나의 뿌리를 튼튼하게 길러주었음을
깨닫는 날 말입니다.

이제야 사인, 코사인, 탄젠트에 기꺼이 감사할 수 있겠습니다.(하하)

마지막으로 한 마디만 덧붙이고 싶어요. 지긋지긋하게 느껴지는 일이 제아무리 거름이 된다고 해도, 너무 괴롭다면 그 자리를 벗어나도 괜찮습니다.

몇 번을 도망치든,
삶은 다시 시작하면 되거든요.

17

정말 하기 싫은 화장실 청소.
안 하면 안 될까?

물은 곧 금전운.
화장실을 반짝반짝하게 관리하면
생각지 못한 수입이 생깁니다.

"사건이 생기는 집은 왜 이렇게 수도관 주변이 지저분할
까?"

경찰들 사이에 비밀스럽게 도는 이야기입니다. 사건, 문

제가 일어나는 집은 세면대, 화장실, 싱크대 수전처럼 물을 쓰는 장소가 청결하지 못한 사례가 단연코 많다는군요. 습기가 많은 곳은 미생물이 번식하기 마련인데, 지저분할수록 유해 미생물이 많이 생기겠지요. 어쩌면 이와 상관관계가 있을지도 모르겠습니다.

풍수에서는 수도水道를 '순환'의 상징으로 여깁니다. 혈액 순환과 재물의 순환을 상징하는 게 다름 아닌 수도인 거죠. 그래서 수도 주변을 청결하게 관리하는 것은 혈액과 재물의 순환을 촉진하는 것과 같다고 봅니다.

심리학 박사이자 작가인 고바야시 세칸 씨도 '화장실을 청결히 관리하면 생각지 못한 수입이 생긴다'며 화장실 청소를 추천한 바 있습니다. 실제로 그의 강연을 듣고 화장실을 깨끗하게 관리하기 시작한 뒤로 예상치 못한 수입이 생겼다고 말하는 분이 꽤 많았습니다. 그중에는 글쎄, 수십억대의 복권에 당첨되었다는 분도 있었죠.

수도 = 금전운

이렇게 생각하면 화장실도, 주방도, 욕실도 깨끗이 청소하고 싶다는 생각이 들지 않나요?

**덧붙여, 집을 몸에 비유하자면
수도는 림프관이나 혈관 등의 순환기와
연결시켜 볼 수 있습니다.**

수도 주변을 청결히 관리하면 혈액 순환이 촉진되어 건강에도 좋을 것이라 생각해 보는 거죠. 우리의 뇌에는 '공간 정위'라는 기능이 있습니다. 차를 몰 때는 차가 곧 내 몸인 것처럼 인식하게 되죠. 운전에 점차 익숙해지면 마치 나와 한 몸인 것처럼 주차도 자유자재로 할 수 있게 되고요. 이게 바로 뇌의 공간 정위 작용입니다.

생활하는 집도 뇌의 공간 정위 작용에서 예외는 아닙니다. 집과 나 사이에 상관관계가 생기는 겁니다. 혼자 있고 싶다고 생각했더니 현관 벨이 고장 나고, 휴대폰이 고장 나고…… 이런 일이 생기기도 합니다.

여기에서 한 발 나아가서 융 심리학에서는 물을 '감정

과 무의식의 에너지'로 여깁니다. 물을 쓰는 수도 주변을 청결히 관리하면 감정이 안정되고, 무의식의 에너지가 정돈되어 건강에도 이로우며 재물의 순환도 촉진한다는 겁니다. 수도 주변을 청결하게 관리하는 것은 생각보다 꽤 중요하네요.

물이 흐르는 수도 주변이야말로
인생을 바꾸는 스위치가 될 수도 있답니다.

18

계산대에 줄을 서면 꼭 늦게 빠지는 줄 당첨.
정말 운이 없는 듯.

**운이 나쁜 게 아니라,
그저 우주의 법칙이니까
어쩔 수 없다고 생각해 보세요.**

　행복하게 살기 위해서 꼭 알아두어야 할 법칙은 그리
많지 않습니다. 이번에 알려드릴 법칙은 그중 하나입니다.
인생에 결정적인 영향을 미칠 중요한 법칙이랍니다.

바로 '에토레의 고찰'입니다. 미국 뉴욕에 사는 바버라 에토레가 발견해 1974년 미국 월간지 『하퍼스Harper's』에 투고하면서 화제를 모았습니다. 하지만 안타깝게도 에토레의 고찰을 아는 사람은 그리 많지 않죠.

에토레의 고찰은 계산대에 줄 설 때는 물론이고 여러 상황에 적용할 수 있습니다. 은행에서, 슈퍼에서, 세관에서, 고속도로에서, 어디에서든지 말이죠. 이 법칙을 아는지 모르는지에 따라서 인생은 확연히 달라질 겁니다.

그 발견은 바로…….

"내가 선 줄보다 다른 줄이 항상 빨리 줄어든다."

– 에토레의 고찰

'이 줄이 더 늦게 빠지네?' 이런 생각으로 서 있던 줄에서 옆줄로 옮기면, 원래 섰던 줄이 빨리 빠지곤 하죠. 이 역시 '에토레의 고찰'이 부리는 마법입니다.

사실 스트레스는, 내가 원하는 대로
풀리지 않는다는 마음에서 비롯됩니다.

**내 생각대로 하고 싶다는 마음을 내려놓으면
스트레스의 90%는 사라져요.**

'이보다는 빠를 줄 알았는데 생각보다 줄이 느린데?' 하
고 마음처럼 풀리지 않으니 초조해집니다. 하지만 내가 선
줄이 더딘 것을 당연한 일로 받아들이면 딱히 운이 나쁘
다는 생각이 들지 않을뿐더러 초조함도 줄어듭니다. 장마
철에 비가 내린다고 하여 화가 나지는 않는 것처럼, 당연
한 일로 받아들이면 불쾌한 감정이 생기지 않아요.

참고로 이와 비슷한 법칙으로 우리에게 잘 알려진 것이
있지요. 바로 '머피의 법칙'입니다.

**'실수로 토스트를 떨어뜨렸는데, 버터 바른 면이
바닥에 닿았다.'
'커피를 엎질렀는데 하필 중요한 서류가 젖었다.'**

문제를 해결하는 방법은 두 가지가 있는데요. '해결하
다'와 동의어인 '풀다'에는 이런 뜻이 있어요.

'풀다'…… 문제의 답을 알아내다.

'풀다'…… 얽힌 일이나 감정 따위를 해소하다.

그렇습니다. 무언가를 '풀어낸다', '해결한다'는 것은 더는 문제가 신경 쓰이지 않게 됨을 뜻하기도 합니다. 즉, 개의치 않는 거죠. 그러면 스트레스도 생기지 않습니다. 문제를 해결하는 방법에는 이렇듯 '신경 쓰지 않는다'는 해결책도 있습니다.

마음먹은 대로 할 수 있는 것은 열심히! 마음먹어도 안되는 것은 그저 흘러가는 대로. 생각처럼 안 풀릴 때는 우주의 흐름에 맡기고서 'Let It Be~' 해도 괜찮아요.

3장

마음속 응어리가
따스함으로

모든 것이 당신에게
더할 나위 없이 좋아요

19

애인이 나의 절친과 눈이 맞았다.
연인도, 친구도 모두 잃었다.

괜찮아요.
30년 후, 가슴을 쓸어내리면서
친구에게 감사하게 될 테니까요.

　몇 해 전, 1911년생(당시 104세) 어르신에게 들은 이야
기를 소개할게요. '104년 인생을 돌이켜보다'라는 시리
즈 강연에서 이 할아버님은 첫사랑에 얽힌 추억을 들려

주셨습니다.

할아버님은 학창 시절, 난생처음 사귄 여자 친구를 친한 친구에게 소개해 주었습니다. 그런데 그 후로 여자 친구의 분위기가 왠지 모르게 조금씩 달라졌다고 해요.

그러던 어느 날, 여자 친구가 일전에 인사시킨 자신의 친구와 다정하게 데이트하는 모습을 목격하고 말았습니다. 처음으로 사귄 여자 친구를 둘도 없는 친구에게 빼앗기고 만 것이죠. 연인과 친구 모두를 한순간에 잃어버린 할아버님은 어린 나이에 말로 다 못 할 충격을 받았다고 합니다.

그로부터 30년이 넘는 세월이 흐른 어느 날.

신주쿠역 플랫폼에서 전철을 기다리던 할아버님에게 어떤 여성이 말을 걸었습니다. '누구지?' 생각하며 기억을 짚어보니, 이게 웬걸! 그 옛날 친한 친구와 바람났던 첫 여자 친구였다고 합니다. 30년이 넘는 세월이 흐른 뒤 옛 여자 친구였던 그분이 먼저 할아버님을 알아본 거죠.

충격적이었던 실연의 날 이후 30여 년의 세월이 흐른 뒤 만난 그녀의 모습은……. 할아버지는 '휴우' 하고 가슴을 쓸어내렸다고 합니다.

'그때 헤어지길 정말 다행이군.'

하고 말이죠. (이 대목에서 강연장은 웃음바다가 되었습니다!)

제아무리 슬픈 일도,
언젠간 이야깃거리가 됩니다.
언젠가 웃을 수 있는 날이 옵니다.

초등학생 시절의 고민, 이러니저러니 해도 잘 지나왔습니다. 고등학생 시절 고민도, 갈팡질팡했지만 잘 지나왔고요. 그러니 지금 껴안고 있는 고민도 괜찮아지는 날이 옵니다. 물론 지금은 너무나 힘겹겠지만, 시간이 반드시 해결해 줍니다.

교토에는 시간이 다 해결해 준다는 뜻으로 '하루하루

가 약'이라는 말이 있습니다. 매 순간 1초, 1초 흐르는 시간은 당신 편입니다.

그러니, 괜찮아요.

20

호되게 차였다.

실은 별로 좋아하지 않았다는 말과 함께…….

실연은
사상 최고의
내가 될 수 있는 기회!

세계 7대륙 중 여섯 개 대륙 최고봉 등정에 성공했고
29세에 해발고도 8,000미터에 이르는 세 개의 산을 무산
소 단독 등정에 성공한 산악인 구리키 노부카즈 씨.

안타깝게도 그는 2018년 35세의 젊은 나이로 세상을 떠나고 말았습니다. 강연을 함께한 적도 있는 만큼 제 마음속에서는 여전히 생생히 살아있는 모험가입니다. 외모도, 체격도 마치 대학생 같은데 대체 어디에 그런 체력과 열정이 감춰져 있는지 감탄했었죠.

그런 구리키 씨도 원래부터 산을 좋아했던 것은 아니었다고 합니다. 이렇다 할 꿈 없이 하루하루를 막연한 마음으로 지냈죠. 단 하나, 유일한 꿈이라면 당시 사귀던 여자 친구와 결혼하는 것. 고등학교 3학년 때부터 만나기 시작한 여자 친구에게 어떤 남자가 멋져 보이는지 물었더니, 여자 친구는 이렇게 대답했다고 합니다.

첫째, 대학교를 나올 것. 둘째, 자가용을 가지고 있을 것. 셋째, 기왕이면 공무원이 좋음.

여자 친구의 말을 들은 구리키 씨는 경비 아르바이트를 하면서 열심히 돈을 모아 대학교에 입학했습니다. 차도 샀죠. '이제 나도 그녀에게 인정받을 수 있어.' 기대감에 부풀어 여자 친구와 데이트 약속을 잡았습니다. 그런데 막상 만난 그녀가 눈도 제대로 마주치지 않더랍니다. 무슨 일이 있는지 물어도 별다른 말이 없고요. 그러던 여자 친구가 마침내 꺼낸 말은 바로 이거였습니다.

"우리 2년 만났잖아……. 근데 사실은 그렇게 좋아한 건 아니었어."

여자 친구에게 차이고 만 것이죠.

그 뒤로 구리키 씨는 집에만 틀어박혀 지냈다고 합니다. 일어날 기력조차 없어서 누워만 있었대요. 심지어 어느 날은 이불 시트를 들춰보았더니 자기 몸 모양을 따라서 거무스름한 곰팡이가 피어있더라는 거예요.

'아, 이대론 안 되겠다. 뭔가를 시작해야겠다!'

이런 생각이 들었을 때 떠오른 게 바로 헤어진 여자 친구였습니다. 여자 친구는 등산을 그렇게 좋아했다고 합니다. 그녀가 왜 산을 올랐는지, 그녀가 보았던 세상을 직접 느껴보고 싶다는 생각이 든 거죠. 이게 산악인 구리키 노부카즈 씨가 산을 오르게 된 계기입니다.

슬플 때는 마음껏 울어도 괜찮습니다.

곰팡이가 필 때까지 누워있다 보면, 어느덧 홀홀 털고 일어날 타이밍이 찾아옵니다. 미국에서 소위 성공했다는 사람들에게 인생이 크게 바뀐 계기가 무엇인지 물어본 조사가 있는데요. 질병, 파산, 실연이 나란히 1, 2, 3위를 차지했습니다.

힘들 때야말로,
크게 변화할 수 있는 기회가 되는 겁니다.

구리키 씨는 자신의 마음을 따라 마지막까지 모험가로서의 삶을 살았습니다. 그런 의미에서 무척 행복한 인생이었다고 생각합니다.

행복은 시간의 길이와 비례하지 않습니다. 1만 4천 년 동안 전쟁 흔적을 거의 찾아볼 수 없어 세계적으로도 드문 평화의 시대로 꼽히는 조몬 시대일본의 신석기 시대, 약 BC 14세기~3세기를 산 조몬인의 평균 사망 연령을 분석해 보니 31세였다고 합니다. 30세에 세상을 떠나는 것이 불행이라면, 조몬인은 대부분 불행했다는 말이 되겠죠.

다시 말하지만, 행복의 크기는 시간에 비례하지 않아요. 마음의 소리에 귀 기울이고 그 마음을 얼마나 표현했는지에 따라서 행복의 크기는 달라집니다.

그러니 두 번 다시 없을 인생.
마음껏 펑펑 울고 난 뒤, 이제 일어나 봅시다.

21

결혼 생활 ○년,
잦은 부부싸움이 너무 힘들다.
어떻게 하면 좋을까?

**좋은 뜻으로, 체념하세요.
그러면 오히려
사랑이 샘솟을 테니까요.**

　일전에 어느 회사를 방문했다가 이런 문구가 쓰인 종이
가 벽에 붙어있는 것을 봤습니다.
　'토끼 같은 아내, 10년이면 호랑이가 된다.'

저도 모르게 고개를 격하게 끄덕이고 말았습니다.

제 친구 이야기를 들려드릴게요. 이 친구는 결혼 후 10년이 넘도록 매달 월례 행사처럼 아내와 대판 싸웠다고 합니다. 그런데 언제부터인가 더는 다투지 않게 되었고, 집에 있어도 편안하더라는 거예요. 문득 이상하다는 생각이 든 친구가 아내에게 물었습니다.

"요즘 집에 있으면 너무 평온한데…… 혹시 무슨 일 있어?"

그랬더니 아내가 이렇게 말하더랍니다.

"당신한텐 이제 기대 안 하려고."

사실 친구는 어디 같이 가자고 약속해 놓고서 전날 과음으로 인한 숙취 탓에 못 가는 일도 비일비재했다고 합니다. 그때마다 부부싸움으로 번졌고요.

그래서 아내는 어느 시점부터 남편에 대한 기대를 놓아버렸습니다. 지금은 같이 가겠노라 말해도, 막상 그날이되어야 안다고 여기기로 한 것이죠. 마음가짐을 이렇게 바

꿨더니 남편에게 더는 짜증을 내지 않게 되었다고 합니다.

그런 아내를 보고 속이 뜨끔해진 친구도 마음을 고쳐 먹었다고 합니다. 예전 같으면 한밤중에 출출할 때 아내에게 '뭐 먹을 거 없어? 좀 만들어줘.' 하고 눈치 없이 보챘을 텐데 지금은 조용히 라면을 끓여 먹고 설거지까지 말끔히 해놓는다는 거예요. 내가 할 수 있는 일을 아내에게 바라지 않기로 한 거죠. 그랬더니 언젠가부터 부부 사이가 좋아졌고, 심지어 얼마 전에는 넷째 아이가 태어났답니다! 상대에게 기대하지 않는다는 것은 정말 대단한 일이기도 하네요.(하하)

'체념'이라는 말에는 이런 뜻도 있습니다.

'어떤 일의 도리를 파악해서 원인과 결과를 깨닫는 마음'. 즉 체념한다는 것은 분명하게 바라보는 것을 뜻하기도 합니다.

여러 번 말해도 고쳐지지 않는다면 '이 사람은 그냥 이런 사람이구나.' 하고 있는 그대로 봐주세요. 그런 다음에는 상대방의 단점 대신 장점에 초점을 맞추는 거예요.

상대를 억지로 바꾸려 하면 감정의 골만 깊어집니다. 그
런데 상대를 바꾸려 하는 대신에 있는 그대로 받아들였더
니 두 사람의 사이가 달라졌어요.

'마음(心)'을 '받아들여(受)' 품으면
'사랑(愛)'이라는 감정이 솟습니다.

관계라는 것은 '나'와 '당신'이 함께 만들어가는 것. 그러
니 내가 바뀌면 관계도 어느 순간 바뀝니다.

22

툭하면 한숨에 '힘들다, 하기 싫다'
부정적인 말을 입에 달고 사는 동료.
솔직히 듣기 피곤하다.

힘들어하는 게
그 사람의 '취미'라고
생각해 봅시다.

'긍정적으로 살아야 한다'는 신념이 있으면 부정적인 사람을 안 좋게 재단하기 쉽습니다. 하지만 곰곰이 생각해 보세요.

불평, 불만, 푸념이 있기에 이런 것들을 해결하기 위한 서비스가 생겨났고, 덕분에 우리 생활은 점점 편리해진 역사가 있습니다.

부정적인 사고에도 나름의 역할이 있는 것이죠.

어느 쪽이 옳은 게 아니라,
어느 쪽이든 괜찮습니다.

어느 쪽에든 저마다 좋은 점이 있기 마련입니다. 이 정도의 유연함을 지니면 한결 너그러워질 수 있어요. 옳고 그름의 문제로 접근하면 필연적으로 잘못한 쪽이 생깁니다. 거기에 안 좋은 평가가 덧붙고요. 그러면 결국은 대립이 생깁니다. 선과 악은 동전의 앞면과 뒷면처럼 붙어있습니다.

선악이 아니라, 우열이 아니라
'취향(선호)의 차이'라고 생각하면
더는 평가하지 않게 됩니다.

음악은 웅장한 관현악을 좋아하는지, 록을 좋아하는지, 트로트를 좋아하는지. 카레는 매운 걸 좋아하는지 달짝지근한 걸 좋아하는지(전 카레는 뭐니 뭐니 해도 단 게 좋아요). 이 정도의 차이로 받아들이면 대립이나 다툼으로 번지지 않습니다. 그러니 옳고 그름으로 판단하지 말고, 일단은 '취향의 차이'라고 생각해 보면 어떨까요? '스타일의 차이'로 받아들여도 물론 좋습니다! 그러면 타인에게 한결 너그러워질 수 있어요.

혹은 이렇게 생각해 볼 수도 있습니다. '힘들어', '지겨워', '하기 싫어', '너무 싫어', '짜증 나', '운도 지지리 없지'…… 이렇게 부정적인 말을 달고 사는 사람들을 초등학교 1학년이라고 해볼까요?

'기쁘다', '재밌어', '고마워', '너무 좋아', '사랑해', '이렇게 운이 좋을 수가'…… 이렇게 긍정적인 말을 자주 하는 사람들은 초등학교 2학년이라고 칩시다.

1학년에게는 1학년일 때 할 수 있는 경험이 있고, 2학년에게는 2학년일 때 할 수 있는 경험이 있습니다. 1학년의 시간과 2학년의 시간은 모두 소중한 1년입니다.

부정적인 말을 입버릇처럼 하는 사람들은 그저 지금 그런 시기를 보내고 있을 뿐이에요. 그 시기가 평생 가지는 않습니다. 한편 그런 사람들 사이에서 흔들리지 않고 밝게 지낼 수 있는가, 여러분이 시험대에 오르는 시기이기도 합니다.

'지금은 그런 시기'

이렇게 생각하는 방법도 있음을 기억해 주세요. 사랑과 평화는 옳고 그름을 판단하지 않는 것에서 시작됩니다.

타인을 평가하지 않는다는 것은
곧 나 자신도 평가하지 않는다는 것.

우리가 더는 내면을 재단하지 않을 때, 비로소 외부 세상에서의 대립도 사라질 거예요.

23

회사 사람이 싫다…….
아내가 마음에 안 든다…….
남편이 못마땅하다…….

**모든 것이 당신에게
더할 나위 없이 좋아요.**

　부처님이 제자들에게 하신 말씀이 있습니다. 불교 경전
『대장경』에 기록된 말씀입니다.

'모든 것이 더할 나위 없이 좋다.

지금 당신에게, 지금의 남편이 더할 나위 없이 좋다.

지금 당신에게, 지금의 아내가 더할 나위 없이 좋다.

지금 당신에게, 지금의 자식이 더할 나위 없이 좋다.

지금 당신에게, 지금의 부모가 더할 나위 없이 좋다.

지금 당신에게, 지금의 형제가 더할 나위 없이 좋다.

지금 당신에게, 지금의 친구가 더할 나위 없이 좋다.

지금 당신에게, 지금의 일이 더할 나위 없이 좋다.

죽는 날도 더할 나위 없이 좋다.

모든 것이 더할 나위 없이 좋다.'

지금 내 앞에 있는 사람, 나를 둘러싼 환경, 일어나는 일들. 이 모든 것이 지금의 나에게 더할 나위 없이 좋고, 꼭 필요한 일이라는 겁니다.

'하지만 이건 누가 봐도 그 사람이 잘못했어. 너무 화나!' 이런 생각이 들기도 하죠? 저 역시 '이건 여보가 잘못한 거지!' 이렇게 혼자 생각할 때가 많아서 그 기분 잘 압니다.(하하) 그런데요. '그 사람이 잘못한 거야', '그 사람 진짜 싫어' 이렇게 남 탓으로 돌리면, 나 자신은 바뀌지 않아도 되니까 지금의 모습에 안주하게 돼요.

과연 지금 이대로 괜찮을까요? 우리는 성장하기 위해 태어났습니다.

남 탓을 하려고 태어나지 않았어요.

그러니 어떤 일이 일어나더라도 그것을 밑거름 삼아, 자기 자신을 끊임없이 변화시켜 나가면 됩니다.

바깥에서 일어나는 일들을 밑거름 삼아서
내면을 가꾸어나가기.
이것이야말로 우리가 태어난 진짜 의미입니다.

앞서 말한 부처님 말씀은 뒤집어서 생각하면, 내 모습이 바뀔 때 변화한 나에게 걸맞은 좋은 일이 생길 것이란 뜻이기도 합니다.

저도 그런 경험이 있습니다. 저는 책과 친하지 않은 사람들에게도 알기 쉽고 재미있게 이야기를 전할 방법이 없을까 항상 고민합니다. 그러다가 문득 '난 왜 이렇게까지 책을 읽지 않는 사람들에게 메시지를 전하고 싶어서 애쓰는 걸까?' 이런 의문이 들었어요. 그리고 문득 깨달았습니다. 정말로 책과 거리가 먼 사람이 제 가장 가까이에 있다는 것을요…….

그렇구나! 난 책과 친하지 않은 아내에게도 와닿을 수 있는 메시지를 전하고 싶었던 거구나.

지금껏 책에서 아내 흉을 수도 없이 봐 왔는데요. 저렇게 깨달은 순간, 이 사람과 함께여서 참 좋다고 진심으로 생각했답니다. 가치관이나 성향이 다른 아내 덕분에, 어떻게 하면 나와 다른 사람들에게도 메시지가 가닿을 수 있을지를 고민하게 된 거죠. 책과 담을 쌓은 아내 덕분에, 어떻게 해야 평소 책을 가까이하지 않는 사람들도 흥미롭게 읽을 수 있을지를 생각하며 글을 썼습니다. 저와 가치관이 다르고 책을 가까이하지 않는 아내야말로 작가인 저에겐 최고의 동반자였어요.

이렇게 생각하자 비로소 지금 이대로의 아내가 더할 나

위 없이 좋게 느껴졌습니다. 그랬더니 웬걸요. 예민해서 무섭기까지 하던 아내가 점점 부드러워졌습니다. 청결에 민감한 아내는 제 머리에서 비듬이 떨어지면 제가 컴퓨터 앞에서 원고를 쓰든 말든 아랑곳하지 않고 제 뒤에서 어깨 위로 다짜고짜 핸디청소기를 들이밀곤 했습니다. 화들짝 놀라서 심장이 멎을 뻔한 게 몇 번인지 몰라요……

그런데 지금은 "각질이 좀 생기네. 마감 얼마 안 남았어? 머리 감겨줘?"하고 머리까지 감겨준답니다. 아침 일찍 나가야 하는 날은 함께 일어나서 차로 역까지 배웅해 주기도 하고요. 아내를 무서운 사람으로 만들었던 것은 어쩌면 제가 아니었을까요? 제가 바뀌었더니 아내도 바뀌었습니다.

'모든 것이 더할 나위 없이 좋다.' 이 말, 진짜입니다. 내 주변 사람들을 내가 비치는 거울이라고 생각해 보세요.

거울은 먼저 웃지 않습니다.
내가 바뀌면 거울에 비치는 세상도
언제 그랬냐는 듯 바뀝니다.

24

말을 듣지 않는 아이에게
화를 참지 못하고 소리 질러버렸다.

아이는 부모를 구하기 위해
천국에서 숨 가쁘게 달려온
'천사'라고 생각해 보세요.

한동안 육아 잡지에 글을 기고한 적이 있습니다. 글에
서 다룬 이야기 중에서 많은 이에게 울림을 준 아이들의
말을 모아 『엄마가 좋아, 눈물이 날 만큼!』비빔북스, 2016년이

라는 책을 내기도 했습니다.

그중에서도 특히 인상 깊었던 것이 태어나기 전이 기억 난다는 여러 아이들의 말이었어요. 태어나기 전의 기억이 있다는 아이들은 하나같이 엄마를 구하려고 이 세상에 왔다고 말한다고 해요. 지인의 아이도 이런 말을 한 적이 있다고 합니다.

"사라는, 엄마를 구하려고 태어났어. 천국에서 있지~ 다들 길게 줄 서서 기다리고 있었는데, 맨 앞으로 뛰어가서, 빨리 나왔어."

내 아이가 나를 구하려고 있는 힘껏 뛰어서 다른 아이들보다 먼저 태어났다고 생각하면 조금 더 다정해져야겠다는 생각이 들지 않나요?

일본의 국민 MC로 불리는 아카시야 산마 씨가 이런 말을 한 적 있습니다.

'살아있는 것만으로도 완전 이득!'

전 제 두 아이에게도 이 마음뿐입니다. 저에게 와주어서 고맙다는 마음요.

『별 시계의 리델星の時計のliddell』국내 미출간이라는 만화에서 "아이는 미래에서 온 손님이야."라는 대사가 나옵니다.

우리는 결코 알 수 없는 미래에서 살아가는
미래인들이, 과거를 배우기 위해 찾아온 존재.
그게 바로 우리의 아이들이라고.

만화에는 이런 말도 나옵니다.

"그러니까 잘해주고 싶어. 미래로 돌아가서 행복한 여행담을 펼칠 수 있도록 말이야."

정말이지 맞는 말이라고 생각했습니다. 휴대전화가 매년 놀라운 발전을 거듭하듯, 아이들은 우리를 뛰어넘어 발전을 거듭할 거예요. 지구별의 미래를 보여주는 선생님인 거지요.

그러니 '아이는 곧 미래에서 온 선생님'이라고 생각해보면 어떨까요? 아이는 부모의 그릇과 사랑을 넓혀주기 위해 미래에서 찾아와 많은 일을 저지르는 손님입니다.

**아이를 키운다는 건
곧 나를 키우는 일.**

이게 진실입니다.

25

재채기 소리가 너무 크다고
배우자가 화를 냈다.

리조트에 놀러 가서
여태껏 참고 지내주어 고맙다고
배우자를 다독여 줄 때예요.

남편 또는 아내가 "당신, 재채기 소리가 커도 너무 커!"
하고 짜증을 냈다면, 인기 리조트에 배우자와 함께 놀러
갈 때가 왔다는 신호입니다.

재채기 소리에 짜증이 난다는 것은…… 비단 재채기만의 문제가 아니거든요. 아마 처음 사귈 때도 재채기 소리는 지금만큼 컸을 겁니다.(하하) 처음에는 배우자도 전혀 신경 쓰이지 않았을 거고요.

100℃를 넘기 전엔 물이 끓어오르지 않는 것처럼, 배우자도 80, 90℃까지는 꾹 참고 이해해 주고 있었던 겁니다.

그런데 그간 참았던 것들이 쌓이고 쌓여서 100℃라는 임계를 넘어버린 거죠. 문제는 바로 여기에 있습니다. 100℃를 넘어본 적 있는 제가 하는 말이니 믿어도 됩니다.

상황이 이렇다면 일단 내 말은 잠시 뒤로 내려놓고, 진심으로 상대방과 마주해야 합니다. 상대가 느끼는 불만에 성심성의껏 귀를 기울이는 것 외에는 방법이 없습니다.

배우자가 100% 옳다는 마음으로 경청하세요. 죽느냐, 사느냐. 이 중 하나의 길만 선택할 수 있습니다.(하하)

지금껏 99℃까지 이르도록

애써 참느라 고생했다고.

배우자를 꼭 안아주며

고마운 마음을 전할 때가 온 거예요.

26

주변에 괜찮은 사람이 하나도 없다.
근사한 사람은 대체 어디에 있냐고…….

**여기 없는 사람을 찾아
두리번거리는 대신,
반경 3미터 안의 사람을 바라보세요.**

　좋은 사람을 만날 기회가 없다고 한탄하고 있다면, 지
금 나에게 없는 것에만 눈 돌리며 찾고 있는 건지도 모릅
니다. 특유의 카리스마로 수많은 커플을 이어준 결혼 컨설

턴트, 시라코마 히토미 씨는 이렇게 말합니다.

**"좋은 인연을 만나지 못하는 사람의 공통점은
멋있는 사람 앞에서만
좋은 사람이려고 한다는 거예요."**

저와 함께 이 말을 듣던 미혼인 친구는 꽤 격하게 고개를 끄덕이더라고요. 아무래도 뭔가 짚이는 구석이 있었나 봅니다.(하하)

시라코마 씨는 이어서 말했습니다.

"재능이나 돈은, 있는 사람도 있고 없는 사람도 있어요. 하지만 누구나 다른 이들과 이어져 있죠. 누가 여러분에게 근사한 사람을 소개해 줄지는 모르는 일이에요. 지금 자기 주변에 있는 이들을 소중히 여기는 게 새로운 인연을 넓혀가는 비결입니다."

내가 미처 좋은 얼굴로 대하지 못했던 사람의 주변에 근사한 사람이 있을 수도 있다는 겁니다.

한편, 심리학 박사 고바야시 세칸 씨는 변호사나 세무

사 같은 전문가의 도움이 필요할 때나 연인이 있었으면 좋겠다는 생각이 들 때, 먼저 친한 친구 열 명에게 털어놓고 도움을 청해볼 것을 권합니다.

좋은 사람 주위에는 좋은 사람이 있습니다. 그래서 좋은 만남도 따르는 것이라고 해요.

즉, 평소에 주변 사람들을 소중히 여기면
무슨 일이 있든 크게 곤란하지 않다는 거지요.

지금 없는 만남은, 지금 있는 만남 속에서 꽃핀답니다.

그래서 언제나 중요한 건,
지금 내 곁에 있는 사람들입니다.

27

아이의 학예회,
열심히 연습한 만큼 기대했는데
무대에서 실수하고 말았다!
아이도, 나도 상심에 빠졌다.

결과보다 중요한 것은
함께 연습했던 추억.

'정말 큰 위로를 받았으니 책에 꼭 써주었으면 좋겠다'
고 부탁받은 이야기가 있어 소개해 드립니다.

한 어머니가 초등학생 딸아이의 학예회에 대한 기대감

으로 한껏 부풀어있었습니다. 댄스 공연을 위해 예쁜 의상도 준비했고, 딸의 연습에 꼬박꼬박 찾아가 응원했습니다.

그리고 마침내 공연이 시작되었죠. 그런데 공연 도중 딸아이의 의상에 달린 장식이 떨어지고 만 거예요. 이것이 신경 쓰였던 딸아이가 재빨리 장식을 주워서 다시 달았지만, 또 떨어지고…… 이 상황이 되풀이되었습니다. 이 때문에 아이는 제대로 집중하지 못하고 허둥지둥하다가 공연은 끝이 났습니다. 학예회를 망쳤다는 생각에 충격받은 아이는 시무룩해 있었고, 그런 딸의 마음이 어떨지 생각하니 너무나 안쓰러웠던 엄마는 더 우울한 심정이었다고 해요.

사연을 들은 저는 말했습니다.

"자녀분과 함께 공연 연습을 하며 준비했던 시간이야말로 진짜 학예회였지 않을까요. 결과는 기대와 달랐지만, 한마음으로 연습하고 함께 아쉬워한 경험은 무엇보다 소중한 추억이 될 거예요. 그런 추억이야말로 학예회의 진짜 가치인 거지요."

제 이야기를 가만히 들으며 생각하시던 그분의 얼굴에 이윽고 미소가 어렸습니다.

"맞아요⋯⋯. 너무 좋은 추억이었어요. 그렇게 생각할 수 있었던 거네요!"

감탄하며 기뻐하시더군요. 저도 이런 생각을 떠올릴 수 있었던 것은, 물론 그만한 경험이 있었기 때문입니다.

사실 제가 긍정적인 관점을 가지는 데 지대한 영향을 주신 분은 첫 직장의 대표님입니다. 굉장히 독특한 관점을 지닌 분이셨죠. 어느 날은 한 직원이 대표님과 함께한 자리에서 이런 푸념을 했습니다.

"아이가 운동회 준비를 정말 열심히 했는데, 비가 내려서 운동회가 취소된 거 있죠? 보기 안쓰럽더라고요."

대표님은 이렇게 말했습니다.

"운동회라는 게, 행사 당일만 운동회인 건 아니야. 그날을 위한 모든 준비 과정도 운동회인 거지. 아들이 준비 되게 열심히 했지?

그럼 더할 나위 없이 멋진 운동회였던 거야."

말을 꺼냈던 직원의 표정이 일순에 환해지더군요. 함께 있던 우리 모두의 표정도 다르지 않았습니다.

관점을 달리하면 이렇듯 순식간에 누군가를 환하게 미소 짓게 할 수도 있습니다. 정말 멋지지 않나요? 저도 언젠가 대표님처럼 세상을 바라볼 수 있으면 좋겠다고 생각했습니다.

어떻게 바라보느냐에 따라서
세상은 단 1초만에 바뀐답니다.

28

딸이 나이가 찼는데도
결혼 생각을 안 해서 걱정이다.

걱정인 것은,
따님이 아니라 어머니시네요.

앞서 제가 긍정적인 관점을 갖게 된 계기를 마련해 준 멘토 중 한 분이 첫 직장 대표님이라고 말했었지요. 무척이나 독특한 관점을 지닌 분이셨어요. 한날은 대표님이

어느 중년 여성분과 대화하던 중에, 본인의 딸이 나이가 다 찼는데 결혼을 안 해서 무척 걱정이라는 하소연을 들었다고 합니다. 이에 대표님은 이렇게 물었습니다.

"따님이 빨리 결혼해서 불행해졌으면 좋겠다고 생각하세요?"

"네? 그럴 리가요! 빨리 결혼해서 행복하게 잘 살길 바라는 거지요."

"하지만 결혼하지 않은 따님의 현재 모습도 행복해 보이지 않나요?"

"그건…… 그렇긴 해요."

여성분의 대답에 대표님은 이어서 말했습니다.

"결혼은 따님이 행복해지기 위해서 하는 거죠?
그런데 지금 따님은 행복해 보이고요.
그럼 문제는 어디에 있는 걸까요?"

그러자 여성분은 잠시 멋쩍어하시더니 이내 활짝 웃으시더라는 겁니다. 문제는 이렇게 해결되었습니다.

관점 하나로 세상을 바꾸는 대표님이 정말이지 멋져 보

였습니다. 그래서 저는 강아지처럼 그분 뒤를 졸졸 따르며 지냈고, 대표님은 그런 저를 흔쾌히 받아주셨습니다. 다양한 분들과 상담할 때 저도 자리에 함께할 수 있게 해주셨고요.

이런 대표님과 얽힌 에피소드 중 제가 가장 좋아하는 이야기를 들려드릴게요.

한 부부가 딸과 함께 상담을 청해 왔습니다. 딸이 친구들에게 이끌려 어느 종교단체 모임에 가게 되었는데, 거기서 일종의 부적 같은 것을 얼떨결에 샀다고 해요. 하지만 집에 돌아가는 길에 그 부적을 지니고 있는 것이 문득 께름칙해져서 바로 강에 던져버렸다고 합니다. 그런데 바로 그날 밤부터 딸은 좀처럼 잠을 이루지 못했고, '혹시 부적을 함부로 버린 벌을 받는 걸까?' 하며 심각하게 걱정이 되었다고 합니다.

저는 대표님이 과연 어떻게 대답할지를 생각하며 흥미진진하게 듣고 있었지요. 그런데 대표님은 제 상상과는 사뭇 다른 반응을 보이는 겁니다.

"부적을 그냥 강물에 던져버렸어요? 그건 좀 문제인 것 같은데요."

그 말을 들은 부부와 딸의 표정은 한층 심각해졌습니다. 대표님은 이어서 이렇게 말했습니다.

"버리기 전에 침이라도 뱉고 버리지 그러셨어요."

일순간 침묵이 흘렀고, 모두가 일제히 웃음을 터트렸답니다. 물론 저도 그랬고요. 나중에 딸이 상담받은 날 이후로 잠을 잘 자게 되었다는 기쁜 소식을 전해 들었습니다.

저는 대표님에게 물었습니다.

"그때, 왜 그렇게 말하신 거예요?"

"잠을 못 자는 건 저주에 걸린 게 아니라,
그저 겁에 질려서 그랬던 거야.
범인은 자기 자신.
그러니까 웃어버리면 다 끝나는 거지."

29

부하 직원이 내가 바라는 대로
움직여 주지 않는다.

그 전에, 나 자신조차도
바라는 대로, 마음먹은 대로
행동한다는 게 어렵지 않나요?

여러분은 마음먹은 대로 살고 있나요?

5kg만 빠졌으면 좋겠다는 마음이 들면 한 달 만에 살
을 빼고, 집도 언제나 말끔히 정리하고, 꼭 해야만 하는

일도 늘 바로 뚝딱 해치우시나요?

쉽지 않죠. 저도 마찬가지예요. 자기 자신도 생각대로 안 되는 게 사람이지요.

하물며, 타인이 내 생각처럼 움직여 줄 리가요.

그러니 내 생각대로 움직이지 않는다고 불만을 품기보다는, 마음에 꼭 들게 일하는 것이야말로 기적이라 여기며 매일 감사하는 마음을 가지는 것이 먼저입니다.

싫은 소리만 하는 사람을 위해 무언가를 하고 싶다는 생각은 들지 않지요. 날 함부로 대하는 사람에게는 여행지에서 기념품을 사주고 싶은 마음도 들지 않고요. 하지만 나에게 고마워하는 마음을 지닌 사람을 위해서라면, 우리는 어떻게든 힘이 되어주고 싶어 합니다.

누구나 나에게 고마워하는 마음을 지닌 사람과 함께하고 싶기 마련입니다.

윗사람의 가장 중요한 덕목은 아랫사람에게 고마워하

는 마음을 지니는 것입니다.

성장이란, 크게 자라는 것이 아니라

작은 것에 감사할 줄 알게 되는 것!

그런 의미에서 굳이 글자 크기를 작게 해보는 저입니다.(하하)

30

무조건 내가 옳아, 저 사람이 틀린 거야!
라고 확신하고 있는데…….

이해합니다.
하지만 아마 상대방도 백이면 백
똑같이 생각할 거예요.

'돈만 있으면 행복하게 살 수 있지.'

이 말은 누구에게나 해당하는 말일까요? 세상에는 돈
이 많아도 불행하다는 사람이 수두룩합니다. 10억 원이 쓰레기더미에 버려진 채 발견된 사건도 있었죠. 세상에는 돈을 내다 버리고 싶어 하는 사람도 있습니다.

'건강하게 오래오래 사는 거야말로 행복한 거야.'

이 말은 진실일까요? 아뇨, 그렇지 않습니다. 세상에는 '빨리 눈감고 싶다'고 생각하는 사람도 있거든요.

누구에게나 딱 들어맞는 진실은 이 세상에 없습니다. 단 하나만 빼고 말이죠.

실은 누구에게나 해당하는 진실이 딱 하나 있습니다.

그건 바로 '나는 옳다'고 생각한다는 겁니다.

누구든 백이면 백 이렇게 생각합니다. 스스로 생을 마감하려고 하는 사람도 이렇게 생각할 거예요. '이런 상황에선 이런 선택을 할 수밖에 없어. 내 생각은 틀리지 않았어.'라고요. 모두가 자기 자신은 옳다고 생각하니, 인류 역사에서 대립과 전쟁이 끊이지 않습니다.

상대방이 틀렸다는 생각이 들 때는, 상대방도 나를 그렇게 생각하고 있을 것이라는 점을 먼저 떠올리세요. 이것이 바로 위대한 첫걸음입니다.

그런 다음 상대방의 입장이 되어보는 겁니다. 이에 관해서는 이어서 이야기를 들려드릴게요.

31

너무나 싫은 상사 때문에
하루하루 출근이 괴롭다.

싫은 상사도 옳다.
딱 한 번만 이렇게 생각해 보세요.

지하철 안에서 두 아이가 큰 소리로 떠들며 뛰어다니고
있었습니다. 어찌나 소란스러운지, 다른 승객들이 얼굴을
찌푸릴 정도였죠. 그런데 아버지라는 사람은 아이들에게

주의를 주기는커녕 창밖만 바라보고 있는 겁니다.

세계적인 스테디셀러 『성공하는 사람들의 7가지 습관』의 저자 스티븐 코비 박사는 지하철에서 이 같은 광경을 목격했습니다. 스티븐 코비는 아이들의 아버지에게 다가가 아이들이 너무 시끄러우니 주의를 주는 것이 좋겠다고 말했습니다. 그러자 그 아버지는 화들짝 놀라 고개를 들더니 "앗, 죄송합니다. 그렇군요. 주의를 좀 줘야겠습니다."라고 몹시 미안한 기색을 내비치며 사과했습니다.

아이들의 아버지는 이어서 이렇게 말했습니다.

"죄송합니다. 정신 똑바로 차려야 하는데……. 사실은 조금 전 아내가 세상을 떠났어요. 아이들에게 엄마가 더는 이 세상에 없다는 사실을 어떻게 전하면 좋을지 생각하던 중이라……."

이 말을 들은 순간, 스티븐 코비 박사에게 패러다임의 전환이 일어났습니다. 삶을 대하는 눈이 확 뜨인 느낌이 들었다고 합니다.

어느 누구든지

그럴 수밖에 없는 사정도 있다는 것.

마주하기 싫은 상사도 그렇게 행동해야 했던 과거가 있을 겁니다. 한 번쯤 완전히 상대의 입장에 서서 이야기에 귀를 기울여 보세요. 마치 상대의 변호사가 된 셈 치고 말이죠. 그러면 세상이 완전히 새롭게 보일 겁니다. 상대의 입장에서 세상을 바라보려 노력하면 비로소 이해되는 점도 있습니다.

이를테면 제 아내는 워낙 깔끔한 성격인 반면, 저는 집을 금방 어지르는 편이라 하루가 멀다 하고 아내에게 혼이 납니다. 앞서 제 어깨에 떨어진 비듬을 보고 대뜸 어깨에 청소기 흡입구를 들이댄 이야기를 들려드렸던 것처럼요.

아내가 왜 그렇게 깔끔을 떨게 되었는지 이유를 파고들다 보니 뜻밖의 사실을 알 수 있었습니다. 아내가 어릴 적 장모님과 장인어른께서는 식품회사를 운영하셨다고 합니다. 아래층이 공장이고 위층이 집이었는데, 부모님은 늘 일이 바빠서 방이 지저분해져도 치울 여유가 없었죠.

다른 가족들이 딱히 청소를 하는 것도 아니었고, 어질러진 집이 신경 쓰였던 아내는 '이 집을 깨끗하게 치우고 살 필 사람은 나밖에 없어.'라고 생각하며 자랐다고 합니다.

즉, 아내의 깔끔 떠는 성격은 애정에 기반한 책임감에서 비롯되었던 거죠. 제 어깨에 각질이 하나만 떨어져 있어도 청소기를 들이미는 배경에는 아내의 사랑이 있었습니다.(하하)

100% 상대방의 입장에 서서 생각해 보았음에도 상사가 나빴다, 잘못했다는 생각이 든다면 어떻게 해야 좋을까요?

그럴 땐 상사에게 혼신의 힘을 다해 스트레이트를 날려 봅시다. 물론 책임은 스스로 지셔야 해요.(하하)

32

생일인데 만나자는 사람도 없고,
약속도 없고, 연락도 없다.
너무 외로워.

**내 생일은
엄마를 축하하는 날.**

일본을 대표하는 명배우이자 저의 영원한 라이벌인 후쿠야마 마사하루 씨는 매년 2월 6일에 어머니께 꽃다발을 드린다고 합니다. 자신의 생일에 가장 고생한 사람은 어머

니라는 이유에서라고 해요. 과연 제 라이벌, 정말이지 멋지네요.(하하)

그에게 생일은 어머니께 '낳아주셔서 고맙습니다.' 하고 마음을 전하는 날인 거죠.

가장 가까운 사람을 그 누구보다 소중히 여기는 사람에게는 신뢰감이 들기 마련입니다. 그렇지 않나요? 너무나 멋지잖아요. 그렇게 멋진 사람을 세상이 그냥 내버려둘 리 없죠. 다음 생일이 돌아오기 전에, 생일을 축하해 줄 근사한 인연과 만나게 될 겁니다.

자기 힘으로는 절대 해낼 수 없는 기적이 있습니다. 그건 바로, 태어나는 것입니다.

여러분이 태어날 수 있었던 것은, 여러분이 만들어낸 기적이 아니라 부모님이 만든 기적입니다. 직접 감사의 마음을 전하기가 낯부끄럽다면 편지도 좋겠지요. 편지도 부끄럽다면, 이참에…… 수화로!(하하)

더는 부모님께 직접 전할 수 없는 상황이라면, 마음을 가득 담아서 하늘을 향해 말해보세요. '낳아줘서 고마워.' 라고요. 이 말은 하늘에도 닿을 겁니다.

"고맙습니다."

생일은 나의 뿌리에 감사하는 날입니다.

33

소중한 사람이 세상을 떠났다.

사람은 두 번 죽습니다.
육신의 죽음과 기억 속의 죽음.
당신의 기억 속에 존재하는 한
그 사람은, 여전히 살아있습니다.

　초등학생 시절, 저는 몇 번이고 문단속하지 않으면 불
안해서 잠을 이루지 못했습니다. 잠을 설칠 때면 김이 서
린 창문에 손가락으로 '행복'이라고 적고는 했어요.

어릴 적에 왜 그런 행동을 했는지 저 자신도 알지 못했습니다. 다만 제 마음속 깊은 곳에 무언가 정체 모를 두려움이 있다는 것은 어렴풋이 느끼고 있었죠. 그런데 봉인되어 있던 기억이 어느 날 문득 되살아났습니다.

유치원에 다니던 때 제가 무척이나 잘 따르던 선생님이 있었습니다. 그런데 어느 날 갑자기, 그렇게 좋아했던 선생님이 누군가에 의해 세상을 떠나고 말았습니다. 어린 마음에 그 사건이 얼마나 충격적이었던지 스스로 기억을 묻어버렸고 그 일은 새까맣게 잊었습니다. 그런데 봉인되어 있던 기억이 작가가 된 뒤 불현듯 되살아난 겁니다.

그 무렵 저는 심리치료 강좌를 수강하고 있었고, 트라우마와 마주하는 팀별 활동을 진행하던 참이었습니다. 두 명이 한 조를 이루어 '과거의 어느 한 순간으로 돌아간다면 어떻게, 무엇을 하고 싶은가요?' 하고 서로에게 질문하는 활동이었죠. 저는 유치원 시절 겪은 트라우마를 소재로 참여할 심산이었는데, '그 당시 어찌 하고 싶었냐'는 질문을 받으면 무어라 대답해야 할지 솔직히 막막했습니다. 전 고작 유치원생이었으니까요. 할 수 있는 게 없었거든요.

막연히 그리 생각했는데, 내 차례가 돌아와 '그때로 돌아간다면 무엇을 하고 싶나요?'라는 질문을 받자, 저 자신조차도 놀랄 만한 말이 제 입에서 튀어나왔습니다.

"범인을 행복하게 해주고 싶어요⋯⋯."

범인이 행복했다면 선생님에게 해를 끼칠 일도 일어나지 않았을 테니까요. 나도 모르게 나온 말에 정말이지 놀랐습니다.

삶을 행복하게 가꿔나가는 마음가짐을 전하는 작가로 활동하며 70권이 넘는 책을 썼고, 덕분에 전국 각지에 좋은 동료들도 사귀었습니다. 저는 이 같은 활동을 하며 살아갈 수 있다는 사실에 진심으로 기쁨을 느낍니다. 그리고 지금껏 이런 일을 이어올 수 있었던 힘이 무엇일까 생각하다가 깨달았습니다.

선생님 덕분이라는 것을요.

그것을 깨달은 순간, 눈물이 쏟아졌습니다.

살면서 마주해야 하는 질문, '사람은 어떻게 하면 행복하게 살 수 있는가?'라는 주제를 선생님이 선물해 주셨던 거예요. 선생님은 줄곧 제 안에 살아서 제가 갈 길을 열어 주셨습니다. 언제나 저와 함께였던 겁니다. 저의 천사로서, 수호자로서, 신으로서, 제가 그 존재를 잊어도 제 안에 살며 저를 이끌어주었던 것을 느꼈습니다.

육신이 사라져도 존재는 사라지지 않습니다.

우리 몸속 세포의 기억 속에
소중한 사람은 살아있습니다.

언제나 변함없이, 우리를 따스하게 감싸며 지켜보고 있습니다.

흔히 사람은 두 번 죽는다고 합니다.
첫 번째는 육신의 죽음.
두 번째는 모두의 기억에서 잊히는 죽음.

이 경험을 통해 저는 깨달았습니다. 잊고 지냈지만, 선생님은 제 안에 살아있다는 것을요. 제 기억이 아닌 세포 안에 살아있었습니다. 그래서 저는 줄곧 '우리는 어떻게 하면 행복하게 살 수 있을까?'라는 질문을 마주하며 살아갈 수 있었습니다.

그 결과 이렇게 책을 쓰고, 오늘도 여러분을 만나고 있습니다. 저를 만나주어 고맙습니다. 여러분과 저를 이어준 건 선생님이에요.

선생님, 감사합니다. 여전히 많이 좋아합니다.

부정적인 감정과
잘 지내는 법 ②

**그럼에도 불구하고
마냥 긍정적으로 바라보기 힘든 당신에게**

○

사람은 누군가에게 인정받지 못하면 좀처럼 새로운 발걸음을 내딛지 못합니다. 감정도 마찬가지입니다. 먼저 받아들이고 인정해 주어야 합니다.

감정을 받아들이는 데 도움 되는 쉽고 간단한 방법이 있어 소개합니다. 강연가 고다마 야스코 씨가 고안한 것으로, 말에 깃든 힘을 이용해 자신을 받아들이고 내면의 지혜를 이끌어내는 '마나유이MANA-YUI'라는 요법입니다. 저도 마나

유이 강좌를 비롯해 지도법 코스까지 수료하며 그 효과를 체감하고 많은 도움을 받았습니다. 방법은 매우 간단해요.

아무리 싫은 나 자신의 모습일지라도,
'나는, ⬚⬚⬚⬚⬚⬚⬚⬚⬚⬚라고 생각한 나를
받아들이고, 인정하고, 용서하고, 사랑합니다.'

이렇게 네 가지 단어로 자신의 솔직한 마음을 모두 긍정하는 겁니다.

가령 직장 상사에게 화가 날 때는
'나는, ○○ 부장에게 화가 난다고 생각하는 나를 받아들이고, 인정하고, 용서하고, 사랑합니다.'
이렇게 나의 감정을 긍정해 줍니다.

구체적인 활용은 이렇습니다. 불안과 혼란 같은 감정이 응어리져 마음이 갑갑할 때, 나의 감정과 기분을 있는 그대로 솔직하게 빈칸에 채워 넣고 인정하는 거죠.

'나는, ［　　　　　　　　　　　］라고 생각한 나를
받아들이고, 인정하고, 용서하고, 사랑합니다.'

예를 들어 습관적으로 남의 눈치를 보는 나 자신이 싫다
는 생각이 들었다면, '나는 습관적으로 남의 눈치를 보는
내가 싫어! 라고 생각한 나를 받아들이고, 인정하고, 용서
하고, 사랑합니다.' 이렇게 말이지요.

그다음으로 피어오르는 감정 역시 같은 과정을 되풀이
하면서 모두 긍정합니다.

'아무리 그래도, 이런 나 자신을 사랑하기가 너무 힘들
다.' 이런 생각이 들었다면, '아무리 그래도 이런 날 사랑하
기가 너무 힘들다, 이렇게 생각한 나를 받아들이고, 인정하
고, 용서하고, 사랑합니다.' 이렇게 말해보세요.

그랬더니 마음속에서 '남들에게 미움받으면 외톨이가 되
고 말 거야.'라는 두려움이 튀어나왔다면, 그렇게 생각한 나
역시도 받아들이고, 인정하고, 용서하고, 사랑하세요.

저는 매일 아침 반신욕을 하는 5~15분 동안 제 마음이 개운해질 때까지 마음에 피어오르는 생각들을 네 가지 단어로 모두 긍정합니다. 중간에 '배가 좀 고프네.'라는 생각이 들면 '배가 좀 고프다고 생각한 나를 받아들이고, 인정하고, 용서하고, 사랑합니다'라고, 떠오르는 생각은 무엇이든지 긍정하는 거지요.

익숙해지면 소리 내어 말하는 대신 속으로 되뇌기만 해도 충분합니다. 피어오르는 감정을 모두 긍정해 나가다 보면, 마치 그리스 신화 속 판도라의 상자처럼 가장 깊은 곳에서 희망이 고개를 내밉니다.

마나유이 요법을 통해서 막막하게 웅어리졌던 생각들이 개운하게 정리되었다면 이번에는 이렇게 질문해 보세요.

'그럼 어떤 내가 되고 싶어?'

구체적인 생각이나 희망이 떠오르면, 그 생각 역시 마나유이 요법을 통해 받아들입니다. 단, 웅어리져 있던 감정이 아닌 꿈이나 희망을 마나유이 요법으로 받아들일 때는 앞서 했던 것처럼 '○○라고 생각한 나'라는 표현으로 내 감정을 객관화해서 나 자신과 분리하는 것이 아니라, 표현을 이렇게 바꿉니다.

'○○인 나를 받아들이고, 인정하고, 용서하고, 사랑합니다.'

가령 작가가 되고 싶다면 '작가가 되고 싶다고 생각하는 나'가 아니라 '작가인 나를 받아들이고, 인정하고, 용서하고, 사랑합니다.'라고 말해보세요. '되고 싶다'라는 표현 대신, 나는 이미 그런 존재임을 받아들이는 겁니다.

아주 작은 차이지만, '○○라고 생각한 나'라는 표현은 응어리진 감정과 자신을 분리해서 객관화하는 역할을 합니다. 한편 '○○인 나'는 희망과 나를 일체화해서 현실이 되는 것을 허락하는 역할을 하지요.

이렇듯 마나유이 요법은 마음을 정리하고 고민을 해결하는 역할을 할 뿐만 아니라, 새로운 현실을 만들어나가고 싶을 때도 활용할 수 있습니다.

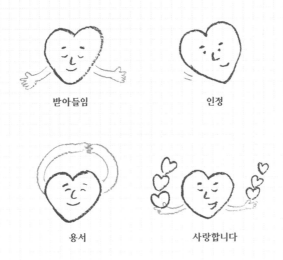

받아들임

인정

용서

사랑합니다

    만일 저에게 노벨평화상을 수여할 자격이 주어진다면 마나유이 요법에 주고 싶을 만큼 실천할수록 놀라울 정도로 기분이 변화합니다. 학교에서도 활용하면 좋겠다는 생각이 들 정도로요. 자신의 감정을 있는 그대로 받아들이면 마음이 차분히 가라앉습니다. 그러고 나면 답은 내 안에 있다는 사실을 깨닫게 되죠.

    내가 느끼는 감정을 두고 '이렇게 생각하면 안 되지.' 하고 스스로를 비난할 필요 없습니다. 먼저 판단하지 말고 있는 그대로 받아들여 느끼면 됩니다. 나의 솔직한 마음을 소중히 여기는 것에서 '나다움'은 비로소 생겨납니다.

4장

위기를
기회로

———

인식의 너비가
곧 우주의 너비입니다

34

전혀 예상하지 못한 일이 벌어졌다!
어쩌면 좋지?

Happening(해프닝)을
Happy(해피)하게 바꾸는 게 인생♫

　일본을 대표하는 아방가르드 패션 디자이너로 꼽히는
요지 야마모토 씨가 뉴욕에서 컬렉션을 발표했을 때의 일
입니다. 쇼가 한창일 때 정전이 되어 패션쇼장이 깜깜해지

고 말았습니다. 그야말로 비상 상황이었죠.

그런데 어둠 속에서 바닥이 울리기 시작했습니다. 전기
란 전기는 모조리 나가서 음악이 나올 리 없는 패션쇼장
에 '쿵, 쿵' 하더니 '둥, 둥, 둥, 둥' 하는 소리가 울려 퍼지기
시작한 겁니다. 전기가 나가서 불 역시 들어올 리 없건만,
눈부신 빛 수십 개가 번개처럼 어둠을 비집고 나와 번쩍
였습니다.

둥, 둥, 둥, 둥, 둥, 둥, 둥!

바닥을 울리는 리듬이 패션쇼장을 메우고 불빛이 작렬
하는 가운데 패션쇼는 무사히 이어졌습니다. 패션쇼장에
서 대체 무슨 일이 일어난 걸까요?

패션쇼를 취재하러 온 기자들이 어둠 속에서 일제히
카메라 플래시를 터뜨려 패션쇼장의 불을 밝힌 것이었습
니다. 끊겨버린 음악은 쇼를 보던 관객들이 발을 굴러 만
든 리듬으로 커버했고요.

패션쇼장이 깜깜해지는 문제가 생긴 덕분에 오히려 패

선쇼장에 있던 관객 모두가 한마음으로 단결해 쇼의 분위기를 끌어올렸고, 새로운 차원의 감동을 만들어냈습니다.

오늘도 불행은 찾아옵니다. 해프닝도 일어납니다.

그런데, 그게 뭐 어떤가요!

우리는 불행과 해프닝에서 감동을 이끌어내기 위해 태어났습니다. 뻔히 예상되는 일만 일어나는 드라마는 시청률이 0%에 수렴할 겁니다. 우리의 잠재의식은 사실 예상치 못한 일을 경험하길 원할지요.

말하자면 해프닝은 어제와는 다른, 상상을 뛰어넘는 세계로의 초대인 셈이죠. 그러니 해프닝 앞에서 당신이 해야 할 말은 이겁니다.

'일이 재미있어졌네.'

'Happening(해프닝)'과 'Happy(해피)'는 어원이 같습니다.

'해프닝'이야말로 '해피'의 시작인 거죠.

    그럼에도 예상치 못한 일은 정말 싫다는 분이 있더라도 너무 걱정 마세요. 무덤에 들어가고 나면 해프닝은 일어나지 않으니까요. 산다는 것은 '해프닝'을 '해피'로 바꾸는 게임입니다.

35

면도하다가
코밑을 베어서 피가 났다.

아내를 행복하게 해줄
기회가 왔군!

하루는 갑자기 외출할 일이 있어 급히 면도를 하고 있었습니다. 그런데 서두르다가 그만 인중을 베고 만 거예요! 피가 뚝뚝 떨어졌습니다. 코 아래로 피가 흐르는 거울

속 제 모습을 바라보며, 스스로에게 물었습니다. '이건 무슨 기회일까?'

저는 여러 책을 통해 '무슨 일이든, 기회로 삼을 수 있습니다!'라는 메시지를 전한 바 있습니다. 하지만 그 순간에는 '아무래도 이건 좀 힘들지 않겠어?' 하는 생각이 들었어요. 그러다…… 어떤 생각이 번뜩였습니다.

전 그대로 아내에게 뛰어갔지요. 코 아래로 피가 조르륵 흐르는 제 얼굴을 본 아내는 깔깔 뒤집어졌습니다. 덕분에 아침부터 서늘했던 집에 훈훈한 공기가 흘렀죠.(하하) 코 아래로 흐르는 피마저도 아내에게 웃음을 안길 기회로 삼을 수 있답니다. '위기는 곧 기회다.'라는 유명한 격언처럼요.

'이건 무슨 기회일까?'

이 물음은 인생에 마법을 걸어주는 주문입니다.

36

어떡하지!
지갑을 잃어버렸다.

일단은,
에너지를 훅 끌어올릴 수 있는
나만의 노래를 열창해 봅시다.
'아~ 축제다, 축제♬'

예기치 못한 문제가 발생했을 때 이 이야기를 떠올리면
불행이 찾아올 그날이 아주 조금은 기대가 될 겁니다.
아는 사람들 사이에서는 '마쓰리 법칙'이라고 불리는

것이 있는데, 인기 유튜버 사쿠라바 쓰유키 씨가 제창한 법칙입니다. 불쾌하고 부당한 일을 겪었을 때 기타지마 사부로, 국민적 인기를 누리는 일본 엔카 가수 겸 배우 일명 사부짱의 대표 곡 '마쓰리まつり, 축제를 뜻함'를 부르면 말도 안 되는 기적이 일어난다는 겁니다.

한 여성이 50만 원을 송금하러 은행에 가던 길에 잠시 화장실을 들렀다가 지갑을 깜빡 두고 나왔습니다. 뒤늦게 깨닫고 황급히 화장실에 돌아갔지만, 빈 지갑만 덩그러니 있을 뿐 50만 원은 사라진 뒤였죠.

그런데 이때 떠올랐습니다. '아, 사부짱!' 하고요. 그래서 화장실에서 "아~ 축제다, 축제♬" 하고 노래를 불렀더니, 화장실 옆칸에서 할머니가 "사부짱?" 하고 말을 걸었다고 합니다.(하하)

잠시 이야기가 옆길로 샜네요. 그런데 그 뒤, '마쓰리'를 부른 그 여성분은 평소 참가하고 싶었던 세미나의 강사에게 도와달라는 부탁을 받았다고 해요. 300만 원에 달하는 수강료 면제는 물론 사례금까지 받으며 세미나를 수강했다고 합니다.

유튜버 사쿠라바 쓰유키 씨는 이렇게 '마쓰리'를 불렀더니 기적이 일어났다는 경험담 제보를 하루가 멀다 하고 받았다고 합니다.

바보가 되어 열창하기.

포인트는 바로 여기에 있습니다. 사부짱의 '마쓰리' 열창하기란 말하자면 '현대판 액막이'인 셈이지요. 적어도 이 방법을 쓰면, 에너지를 단번에 밝게 끌어올릴 수 있습니다.

사실 불합리한 일을 당했을 때 모두 내려놓고서 기꺼이 바보가 될 수 있는 사람은 드뭅니다. 그런데 하늘은 이런 바보를 좋아하는 듯합니다.

'마쓰리 법칙'의 발상이 돋보이는 영화가 제95회 아카데미 시상식에서 7개 부문의 상을 거머쥐었습니다. 바로 「에브리씽 에브리웨어 올 앳 원스Everything Everywhere All At Once」라는 영화입니다. 주인공이 멀티버스에 존재하는 다채로운 능력을 지닌 무수히 많은 자신과 교감하면서 적에게 맞서는 이야기죠. 평소 하지 않는 아주 우스꽝스러운 행동을 해야만 멀티버스의 또 다른 자신과 이어질 수 있다는 설정입니다.

반드시 우스꽝스러운 행동을 해야 한다는 것은 동심을 되찾는 과정을 상징한다고 생각하는데, 영화에서는 이런 행동이 시공간을 넘나드는 일종의 스위치 역할을 합니다.

이런 설정의 영화가 아카데미 작품상을 비롯해 7개 부문에서 상을 받았습니다. 갑자기 '마쓰리 법칙'이 꽤 그럴듯해 보이지 않나요? 그렇다면 저에게 보기 좋게 속으신 겁니다.(하하) 제 말에 온전히 귀 기울여 주는 당신의 인생은 분명 잘 풀릴 거예요.

사쿠라바 쓰유키 씨는 이렇게 말했습니다.

"인생은 축제예요. 질병도, 사고도, 불행도 모두 축제죠. 문제가 생겼다고 해서 꼭 문제가 되는 건 아니에요.

그 문제를 어떻게 받아들이느냐가 진짜 문제지요. 문제를 하얗게 칠할지, 까맣게 칠할지는 온전히 자기 자신에게 달렸어요.

애써 이해하려 할 필요 없어요. 일단은 완전히 새하얗게 칠한 다음 액막이를 하는 거예요. 그다음은 하늘에 맡기는 거죠."

이제 위기가 찾아오면, 일단 에너지를 훅 끌어올릴 나만의 노래를 주문처럼 불러봅시다. 밝은 에너지가 불행의 무게는 조금이라도 덜고, 좋은 기운을 북돋을 거예요.

'아~ 축제다, 축제♬'

37

사람들로 북적이는 식당에 갔는데,
누군가가 내 신발을 신고 가버렸다.

이럴 때
적절한 코멘트는?
"발에 잘 맞았으려나?"

친한 동료 작가가 하루는 어느 강연을 듣고 오더니 억
울한 심정을 토로했습니다.

참고로 동료 작가 역시 사람들 앞에서 강연할 일이 많

은데, 청중의 즐거운 반응을 유도하기 위해 평소 개그 프로그램을 보며 연구할 정도로 열심인 사람입니다. 다만 그만큼 치열하게 고민해도 강연에서는 웃음이 쉽사리 터지지 않는다고 해요.

사정이 이러한데, 물을 마시기만 해도 빵빵 터지는 강사의 강연을 듣고는 억울하다고 했습니다. 그 강사가 물을 마실 때마다 이렇게 말했다는 거예요.

"아니, 이게, 앞니가 말라서요."

자수성가한 사업가로 『럭키 맨ラッキーマン』국내 미출간의 저자이자 강연가로 활약 중인 와카야마 요이치 씨의 이야기입니다. 와카야마 씨는 물을 마실 때마다 "아이참, 앞니가 자꾸 마르네요." 하고 자신의 뻐드렁니를 언급하며 사람들에게 웃음을 준다고 합니다. 관객석에서 좀처럼 웃음이 터져 나오지 않아 고민인 제 친구는 '나도 뻐드렁니가 있었다면!'이라고 가슴을 치며 아쉬워했습니다.(하하)

이번에는 이런 와카야마 요이치로 씨의 스승에 관한 이야기를 들려드리려고 합니다. 서론이 너무 길었네요.

와카야마 요이치로 씨의 스승은 집으로 사람들을 초대해 바비큐 파티를 자주 연다고 합니다. 여느 때와 다름없이 많은 사람이 파티에 왔고, 마당과 현관에는 벗어둔 신발들이 어지러이 널려있었습니다. 그 사이에는 산 지 얼마 되지 않아 애지중지하는 스승의 신발도 있었고요. 그런데 모두가 돌아간 뒤에 보니 어째서인지 스승이 아끼던 그 신발이 안 보이더라는 거예요. 어떻게 이런 일이!

이때 스승은 '내 신발 어디 갔어!'라는 말 대신, 나지막이 이렇게 말했다고 합니다.

"사이즈, 잘 맞으려나~"

'……?!' 이 말은 들은 모두가 귀를 의심했습니다. 스승은 자신의 새 신발을 신고 돌아간 사람의 발 사이즈를 걱정한 거죠. 그야말로 배려의 끝판왕!

**난처한 상황을 맞닥뜨렸을 때, 다른 사람 또한
난처하지 않을까 하는 것까지 생각이 미친다면
당신은 모두에게 사랑받는 '스승'이 될 수 있습니다.**

"우리에게 필요한 것은 지식이 아니라 배려다."

– 찰리 채플린(영화배우·감독)

여기서 핵심은 이겁니다.

무언가 난처한 일이 생겼다면,
곁에 있는 이의 마음에 전설로 남을 기회입니다.

스승의 말 한마디에 감동한 와카야마 요이치로 씨는 이 일화를 동료들에게 입이 마르도록 이야기했고, 저 역시도 강연에서 이 일화를 수도 없이 들려드렸어요. 이렇게 책에도 쓰게 되었으니, 마침내 이 책을 읽는 당신에게까지 그 스승의 전설이 가닿게 되었네요.

난처한 일에 처했을 때 나의 말과 행동이, 사람들에게 깊은 인상을 남기고 마음을 매료하기도 합니다.

위기는 곧 전설로 남을 기회입니다.

38

다급하게 공중화장실을 들어갔는데
휴지가 없다!

**전 세계 3분의 2나 되는 사람들이
대변을 본 뒤 휴지를 쓰지 않습니다.
자, 이제 시험해 볼 때입니다!**

사실 전 세계에서 엉덩이를 닦을 때 휴지를 쓰는 부류
는 일부에 불과하다고 합니다. 그럼 무얼 쓰느냐? 모래,
자갈, 나뭇잎, 옥수수수염 및 옥수수자루, 로프, 나뭇조

각, 대나무 주걱, 플라스틱, 해조류 등입니다. 이게 바로 세계 표준인 거죠!

당신의 상식은 전 세계의 비상식인 겁니다.

모래를 화장실 휴지 개념으로 쓸 만큼 세상은 넓습니다. 그야말로 한 사람 한 사람이 저마다 다른 우주에서 살고 있는 거죠. 그리고 얼마나 폭넓게 해석하고 받아들일 수 있느냐가 곧 당신이 사는 우주의 폭이 됩니다.

'인식'의 한계가 곧 '우주'의 한계입니다.

그런데요. 정말로 휴지가 없을 때는 어떻게 하면 좋을까요?

그럴 때는 왼손을 써봅니다.

복싱계에 '왼손을 제압하는 자가 세계를 제압한다.'라는 말이 있는데, 화장실 비상사태에도 '왼손'이 중요합니다. 실제로 인도 문화권에서는 왼손을 헹궈가며 엉덩이를 닦는다고 합니다. 휴지가 없다면 우리에게는 황금 같은 왼손이 있습니다. 언젠가 이 정보가 도움이 될 날이 분명 올 거예요. 아니, 아무쪼록 오지 않기를 바랍니다.(하하)

슬슬 읽기 지루할 시점이라, 잠도 깰 겸 농담 섞어 이야기해 보았습니다. 이상, 저의 '배려'였습니다.

39

집 앞에 벌레가 여러 마리 죽어있다!

께름칙해…….

이럴 때는 어떻게 받아들이면 좋을까?

이 벌레들은
생의 마지막 순간을
당신 집에서 맞이하고 싶었던 겁니다.

　주변이 논으로 둘러싸인 곳에서 카페를 운영하는 친구
가 있습니다. 그런데 논에 농약을 친 탓인지, 특정 시기가
되면 매일 같이 매장 앞에 작은 벌레들이 무리 지어 죽어

있다고 합니다.

아침마다 죽은 벌레들이 매장 앞에……. 왠지 좀 께름칙했던 친구는 영 기분이 좋지 않았습니다. 그런데 어느 날 한 직원이 지나가듯 말했습니다.

"얘네들은 삶의 마지막을 우리 가게 앞에서 맞이하고 싶었나 봐요."

그 말을 들은 순간, 죽어있는 조그마한 벌레들이 갑자기 가련해 보였다고 합니다.

직원은 이렇게 말을 이었습니다. "옛말에 한 치 벌레에도 다섯분의 영혼이 있다고 하는데일본 속담, 이 벌레들에게 무덤을 만들어주면 어떨까요?"

이 말을 계기로 친구네 카페는 매일 아침 매장 앞에 죽어있는 작은 벌레들에게 무덤을 만들어주고 합장하는 일로 하루의 업무를 시작하게 되었다고 합니다.

그전까지는 죽은 벌레들을 보고 께름칙하다며 개운치

않은 기분으로 일을 시작했습니다. 그런데 지금은 숨을 다한 존재의 복을 빌어준 뒤 산뜻한 마음으로 업무를 시작할 수 있게 된 거죠.

눈앞에 놓인 현상은 동일합니다.
하지만 어떻게 받아들이느냐에 따라서
마음은 정반대가 될 수도 있습니다.

문제는 바깥에 있지 않습니다. 당신이 어떻게 받아들이느냐, 바로 당신 안에 있습니다.

40

남들 앞에서 용변 실수를 하고 말았다.
너무나 부끄럽고 수치스럽다.

대변 **실수를 할 만큼 두려움에 휩싸여**
전장에서 줄행랑친 자기 모습을
그림으로 남겨 천하를 거머쥐겠노라
맹세한 영웅도 있습니다.

일본의 역사적 인물 중 중국에서 독보적인 인기를 끄는
사람이 있다고 하는데, 누구일 것 같나요? '히스이 고타로'
를 떠올리신 분, 생각만이라도 감사합니다.(하하) 정답은 바로 일본 에도 막부의 초대 쇼군인 도쿠가와 이에야스입니다.

도쿠가와 이에야스에 관한 책이 중국에서 베스트셀러에 올랐습니다. 이 책을 중국어로 출간한 현지 출판사 대표는 도쿠가와 이에야스의 생애를 이야기한 책을 읽다가, 특정 대목에 무척 감동한 나머지 중국에 널리 알려야겠다고 결심했다고 합니다.

바로 도쿠가와 이에야스의 '미카타가하라 전투' 일화인데요. 이 전투에서 도쿠가와 이에야스가 이끈 부대는 적군의 기마부대에 처참히 패했고, 죽음 직전의 상황까지 몰린 도쿠가와 이에야스가 공포에 질린 나머지 말 위에서 대변 실수를 하면서 줄행랑쳤다는 일화가 사료에 남아있습니다. 도쿠가와 이에야스의 유일한 패전으로 전멸에 가까운 대참패로 기록된 전투입니다.

이만큼 부끄러운 일이 또 있을까요? 쥐구멍에라도 숨고싶은 상황이죠. 그런데 도쿠가와 이에야스는 이때의 일을 숨기기는커녕 대변을 볼 만큼 공포에 사로잡혀 도망친 자신의 한심한 모습을 그림으로 남기기 위해 화가에게 명했고, 완성된 그림을 걸어두었다는 게 아니겠어요?

가장 드러내고 싶지 않은 내 모습,

가장 한심한 모습,

가장 꼴사나운 자기 모습을 외면하는 대신

받아들이고, 인정하고, 용서한 뒤

장차 천하를 거머쥐겠노라 각오를 다진 겁니다.

그리고 마침내 보란 듯이 천하를 거머쥐었습니다.

중국에서는 있을 수 없는 일이라고 합니다. 영웅의 한심한 모습은 역사에서 지워지기 때문이죠. 중국에서 영웅은 완전무결한 슈퍼히어로로 그려지거든요.

그런데 도쿠가와 이에야스는 치욕적인 과거를 숨기지 않았습니다. 중국 출판사 대표는 이 점에 감동해서 그의 삶을 다룬 책을 번역해 중국 전역에 널리 알리고 싶다고 생각한 거죠. 이 책은 '도쿠가와 이에야스 엄청 쿨하네!'라는 평을 들으며 베스트셀러가 되었습니다.

한심하고 지질했던 내 모습을 받아들이고, 그 모습에서부터 시작해 봅시다. 이것이야말로 자연스러우면서도 가장 멋진 삶의 방식입니다.

최악을 발판 삼아
최고의 점프를!

41

내 인생은 왜 항상
예상치 못한 일들만 생길까?
지친다.

생각처럼 되지 않을 때,
생각지도 못한 멋진 일이
기다리고 있을 거예요.

부처님은 이 세상을 '고통'(마음처럼 되지 않음)이라고 갈
파했습니다. 그러니 생각대로 되지 않는다고 필요 이상으
로 괴로워하지 않았으면 합니다. 인생은 본디 그런 거니까

요. 이렇게 말하니 '그럼 희망은 하나도 없는 건가?'라는 원성이 들리는 것 같지만,

생각한 대로 되지 않을 때야말로
희망이 있기 마련입니다!

지금까지 살면서 각별히 기쁘고 행복했던 기억 몇 가지를 꼽아보세요. 어떻게 그렇게 되었는지, 그 과정을 떠올려보세요.

그것들은 생각대로, 바람대로 이루어진 결과로
얻은 것이었나요?

저에게 무엇보다 행복한 기억은 '아내를 만나 딸과 아들이 태어난 것'과 '작가가 된 것'입니다. 하나같이 제 생각대로 흘러가지 않은 사건들 덕분이었죠.

아내와 결혼할 수 있었던 것은 5년 동안 짝사랑했던 Y에게 거절당한 덕분이었습니다. 거기서 모든 드라마는 시작되었습니다. 거절당했음에도 여전히 Y를 좋아했던 저는

그녀가 진학을 희망했던 니가타대학교를 목표로 공부했습니다. 그런데 Y는 니가타대학교에 합격했고, 전 떨어지고 말았죠. 그래서 어쩔 수 없이 도쿄에 있는 대학교에 입학하게 되었습니다.

이후 친구가 소개해 준 회사에 입사했습니다. 그런데 내성적인 제가 영업부로 배치되었고, 영업 실적이 바닥을 기면서 고전을 면치 못했습니다. 어떻게든 성과를 내기 위해 길을 모색하다가 광고를 만들어 널리 알리는 방법을 실행했지요. 그 과정에서 점차 글쓰기에 재미가 붙었고, 카피라이터로 이직한 뒤 이렇게 작가가 되었습니다. 아내와도 이직한 회사에서 만났죠.

첫사랑에게 거절당했을 때는 울고 또 울고, 얼마나 슬펐는지 모르겠습니다. 하루에 여덟 시간씩 공부했지만 니가타대학교에도 떨어졌죠. 그래서 딱히 가고 싶은 생각이 없었던 도쿄로 마지못해 옮겨왔습니다. 그렇게 도쿄에서 취직을 했더니 가장 피하고 싶었던 영업부에 배치되었죠.

마음먹은 대로 된 일은 하나도 없었습니다. 하지만 예

상치 못한 일이 연속적으로 일어나면서 전혀 상상하지 못한 행복에 이르렀습니다. 작가가 될 수 있었던 것도, 아내와 지금의 아이들을 만날 수 있었던 것도 모두 제 생각이나 바람처럼 되지 않았던 덕분입니다.

마음처럼 되지 않을 때,
마음(상상)을 뛰어넘는 일이 일어납니다.

『빨간 머리 앤』(루시 모드 몽고메리 지음)에 이런 대사가 나옵니다.

'인생은 생각처럼 흘러가지 않지만,
생각처럼 되지 않는다는 건 멋진 일이야.
생각지도 못한 일이 일어나거든.'

가고 싶은 길에만 천명天命이 있는 게 아닙니다. 지나온 길에 천명이 있습니다.

42

길눈이 어두운 탓에
한참을 헤맬 때가 많다.

**돌아가면 돌아갈수록
추억은 많아집니다.**

동쪽으로 가야 하는데 서쪽으로 가버린 당신에게.
서쪽으로 가야 하는데 동쪽으로 가버린 당신에게.
그렇게 덤벙대는 당신이 나는 좋습니다.

괜찮습니다.

결국엔 잘 도착할 거니까요.

지구는 둥글거든요.

돌아가도 괜찮습니다.

추억이 늘어날 거예요.

인생은 성공을 향한 여정이 아닌 추억을 만드는 소풍.

그러니 멀리 돌아가도 괜찮습니다.

느긋하게 걸어도 괜찮습니다.

많이 틀려도 괜찮습니다.

반대로 가도 괜찮습니다.

오른쪽으로 돌아야 할 때 왼쪽으로 돌아도 괜찮습니다.

가끔은 홀로 뒤처져도 괜찮습니다.

납작 엎드려도 괜찮습니다.

꺼이꺼이 울어도 괜찮습니다.

괜찮습니다. 다 괜찮아요.

그것으로 충분합니다.

왜냐하면, 원래 우주에는 좋은 것 나쁜 것이 따로 있지 않거든요. 모든 경험은 있으면 다 좋습니다.

그러니, 오늘도 마음 편히 다녀오세요.

부정적인 감정과
잘 지내는 법 ③

**그럼에도 불구하고
마냥 긍정적으로 바라보기 힘든 당신에게**

○

67쪽의 '부정적인 감정과 잘 지내는 법 ①'과 158쪽의 '마나 유이 요법'은 근본적으로 나 자신을 객관적으로 바라볼 수 있게 돕습니다.

심리학은 자기 자신을 객관화하는 기술이라고 해도 좋습니다. 자신의 인생을 영화관 객석에서 감상하듯 객관적으로 보는 거지요. 그러면 마음에 '공간(여유)'이 생기고 '알아차림'이 일어나기 쉬워집니다.

한 심리학자가 이런 실험을 했습니다. 마음에 깊은 상처 (트라우마)를 지닌 사람들을 트라우마를 극복한 그룹과 아직 극복하지 못한 그룹으로 나눈 뒤, 트라우마를 남긴 사건을 기억하는 데 어떤 차이가 있는지 조사했습니다.

가령 부모와의 관계에서 어떤 트라우마가 생겼다고 가정합시다. 트라우마를 이미 극복한 사람의 기억 속에는 '부모'와 '나 자신'이 등장했습니다. 한편 아직 트라우마를 극복하지 못한 사람의 기억 속에는 '부모'만이 나왔습니다.

트라우마를 극복한 사람들은 회상할 때 '나 자신'이 등장하는 반면, 아직 트라우마를 극복하지 못한 사람들의 회상 장면에 '나 자신'은 없다는 것. 이 차이가 혹시 무엇을 뜻하는지 아시나요?

회상 장면에 자기 모습이 등장한다는 것은 '나 자신을 객관적으로 볼 수 있다'는 뜻입니다. 한편 자기 모습이 등장하지 않는다는 것은 트라우마가 아직 현실에 고스란히 남은 상태를 방증한다는 거죠. 현실에서는 내가 나를 볼 수 없으니까요. 그래서 내 모습이 등장하지 않는 겁니다.

이 실험을 통해 알 수 있는 점은,

자신을 객관화해 바라보는 관점이야말로

자기 자신을 치유하는 힘이 된다는 사실입니다.

자기 자신을 객관적으로 바라볼 수 있는 것은 뇌 전두엽에서 이루어지는 인지 기능의 작용 덕인데, 뇌과학에서는 '메타인지Metacognition'라고 부릅니다. 높은 하늘을 나는 새가 되어 내 모습을 조감하듯이, 또는 내 인생을 영화 감상하듯이 객관적으로 볼 수 있으면 부정적인 감정과 나 자신을 분리하기가 수월합니다. 그러면 마음에 '공간'이 생기고, 빈 공간에서 '알아차림'이 일어나죠.

예를 하나 들면, 저는 한때 아내와 자주 싸웠는데 어느날은 한창 싸우다가 저 자신을 하늘에서 내려다보듯 바라보려고 노력한 적이 있습니다. 그렇게 5분도 채 지나지 않아, 화가 잔뜩 나 있는 저의 모습이 어쩐지 바보같아서 그만 웃음을 터뜨리고 말았습니다.

나 자신을 타인을 바라보듯 객관적으로 보고, 반대로 타인은 나를 보듯 배려를 담아서 대해 봅시다.

자기 감정을 객관적으로 바라볼 수 있다는 것은 '감정 = 나 자신'이 아니라는 증거입니다.

가령 화가 머리끝까지 나서 '내'가 '분노 100%'로 채워져 있다고 가정합시다. 이럴 때 필사적으로 '저녁에 뭐 먹지?' 하고 생각해 보세요. 그러면 한순간에 '나 = 분노 + 저녁 식사'가 됩니다.(하하) 즉, '나 ≠ 분노'가 되는 거죠. 진짜 '나'는 분노라는 감정을 깨닫고서 지켜보는 나입니다.

감정을 깨닫지 못하면 감정에 휩쓸릴 뿐입니다. 하지만,

깨달으면 원하는 대로 선택할 수 있습니다.
깨달으면 바꿀 수 있습니다.

이 세상을 어떻게 해석하고 싶은지, 어떻게 살아가고 싶은지를 말이지요. 미래는 당신이 선택할 수 있어요.

5장

끙끙 앓을 바에는
새롭게 시작을

당신이 당신인 것만으로도
충분합니다

'내 나이가 벌써…… 나도 늙었구나'.
나이에서 한계와 피로감을 느낀다.

'벌써'를 '아직'으로 바꾸기만 해도
수명이 10년 늘어납니다.

　미국의 어느 대학교 심리학 연구팀에서 '난 아직 마흔
살'이라고 생각하는 그룹 1,000명과 '난 벌써 마흔 살'이라
고 생각하는 그룹 1,000명을 추적 조사했습니다.

그 결과 '아직 마흔 살'이라고 생각한 사람들의 평균 수명이 더 길었다고 합니다. 여기까지는 어느 정도 예상할 수 있습니다. 놀라운 점은 몇 개월 차이가 아니라,

무려 10년이나 평균 수명이 길었다는 점입니다.

'벌써'라고 생각하는지,
'아직'이라고 생각하는지에 따라서
수명이 이렇게나 큰 차이가 난 거죠.

'벌써 마흔'이라고 생각한 사람은 '벌써 쉰', '벌써 예순'이라고 매해 어김없이 되뇔 테고, 점점 더 늙어간다고 스스로 여길 겁니다. 한편 '아직 마흔이야. 젊다, 젊어!' 이렇게 생각한다면 다양한 일에 도전할 수 있죠.

만화 『호빵맨』의 작가, 야나세 다카시 씨가 호빵맨을 처음 그리기 시작한 때가 쉰 살이었습니다. 가수에 도전해서 처음으로 음반을 낸 것은 여든네 살이었죠.

인생 80년을 하루에 비유한다면
스무 살은 아침 여섯 시,
서른 살은 아침 아홉 시,
마흔 살은 정오입니다.

마흔이라고 해봐야 아직 인생의 점심시간일 뿐인 거죠.
무언가를 새로 시작하기에 충분한 시기 아닌가요? 모험을
펼치기에 딱 좋지 않나요?

자, 이제 무엇을 시작해 볼까요?

44

일에서 좀처럼 성과가 나지 않는다.
뭐가 부족한 걸까?

부족한 것은
마음에서 우러나오는 미소.

앞서 소개한 적 있는 뻐드렁니 와카야마 요이치로 씨의
이야기입니다(177쪽 참조). '뻐드렁니'는 이제 그를 대표하
는 수식어가 되었는데, 이번에는 이 와카야마 씨가 그리

스 아테네에 잠시 들렀을 때의 일화입니다.

당시 그리스는 최악의 불황을 겪고 있었습니다. 여행자로 북적이는 번화가에는 팁을 받으려 종이컵을 놓아두고 악기를 연주하거나 노래하는 이들이 즐비했습니다. 모두가 그날의 끼닛값을 열심히 벌고 있었죠.

'나도 여기에서 돈을 벌 수 있을까?' 뻐드렁니의 소유자 와카야마 씨도(뻐드렁니는 상관없지만) 자기 자신을 시험해 보고 싶은 마음이 들었습니다. '그래, 춤추는 거야! 난 댄서였잖아.' 이렇게 마음먹었죠. 그렇습니다. 와카야마 씨는 일본의 인기 혼성 그룹 'TRF'의 백업 댄서 출신이거든요.

와카야마 씨는 망설임 없이 길 한가운데에 섰습니다. 하지만 모두가 싸늘한 시선으로 바라볼 뿐이었지요. 심지어 침을 뱉고 지나가는 사람, 팁을 넣는 종이컵을 발로 걸어차 버리는 사람도 있었습니다. 그럼에도 꿋꿋이 춤을 추었고, 그렇게 한 시간여가 흘렀습니다. 하지만 팁을 한 푼도 받지 못했다고 해요.

'왜 팁을 주는 사람이 없을까? 내가 춤을 못 춰서 그런 걸까?'

하지만 그는 한때 프로 댄서였습니다. 와카야마 씨는 주위에서 공연하는 이들을 유심히 살폈습니다. 그러다가 마침내 팁을 받는 사람과 그렇지 못한 사람에게는 한 가지 큰 차이가 있음을 깨달았습니다.

팁이 쌓이는 사람은
정말로 즐거워 보였다는 거예요.

한편, 그렇지 못한 사람은 미간에 주름을 세우고 힘겨워 보이는 표정이었죠. 뻐드렁니인 그는 눈이 번쩍 뜨였습니다.(뻐드렁니는 상관없다니깐!) 그러고 보니 자신의 표정 역시 굳어있더랍니다. 속으로 힘들다고 생각하면서 춤을 췄던 거예요. 와카야마 씨는 다시 몸을 일으켰고, 이번에는 기분 좋게 스텝을 밟으며 턴을 했습니다.

잘하고 못하고는 상관없어.
소리를 즐기는 게 음악이 되고 춤이 되는 거야.

그러자 신기하게도 주변 사람들의 시선 따위는 신경 쓰이지 않게 되었고, 그렇게 춤추기를 10여 분. 한 아이가 다가왔습니다.

드디어!!

아이와 눈을 맞추며 환한 얼굴로 춤을 추고 있자니 다른 아이도 다가왔습니다. 그러자 아이들의 어머니들이 활짝 웃으며 가까이 와서는 "에프하리스토Ευχαριστ(그리스어로 '고맙습니다')"라고 말하며 종이컵에 팁을 넣었습니다. 그가 외국에서 처음으로 번 돈이었습니다.

좀처럼 일에서 성과가 나지 않을 때, 당신에게 부족한 것은 더 열심히 하려는 태도가 아닙니다.

진심으로 즐기는 마음입니다.

45

이것도 못하고, 저것도 못해.
서툴고 어설픈 나 자신에게
나날이 자괴감이 든다.

**부족한 부분이 있기에,
그 부분을 메울 기회도 생깁니다.**

　성공한 사업가이자 제 친구인 스가노 잇세이 씨에게는
사회인으로서 치명적인 단점이 있었습니다. 바로 아침에
일어나기를 극도로 힘들어한다는 점입니다. 저와 함께 행사를 주관했을 때도 다섯 시간이나 지각했을 정도죠. 이런 스가노 씨는 젊은 시절 회사에 취직한 뒤에도 늦잠을 자는 통에 얼마 가지 않아 해고되기도 했습니다. 그는 이럴 바에는 본인이 사장이 되는 수밖에 없겠다며 등 떠밀리듯 회사를 만들었습니다.

그런데 스가노 씨에게는 치명적인 단점이 더 있었습니다. 인터넷 사업에 뛰어들긴 했는데 홈페이지도 다룰 줄 몰랐던 거죠. 문서 프로그램 역시 다룰 줄 몰랐습니다. 물론 엑셀도요. 그래서 이런 업무들은 아내에게 맡기기로 했습니다.

하지만 스가노 씨에겐 단점이 더 있었습니다! 그는 긴 글을 쓰지 못했습니다. 그래서 고등학교 졸업앨범 연락망을 펼쳐 맨 위에서부터 순서대로 전화를 돌렸고, 프리랜서 작가로 활동하는 사람을 수소문해 업무를 맡겼습니다.

그럼 스가노 씨는 대체 어떤 일을 했는가 궁금할 겁니다. 바로 기발한 기획을 구상하는 일이 그의 역할이었습니다. 나머지 업무는 타력본원他力本願, 아미타불의 본원에 기대어 성불

함. 다른 이에 기대어 일을 성취함을 비유이라는 말이 있듯 잘하는 사람에게 맡겼죠. 결과는 어땠을까요?

인터넷으로 창업한 지 1년 만에
10억 원을 벌어들였습니다.

당신에게 부족한 부분이 있기에, 당신의 부족함을 메워 줄 이가 빛날 차례도 옵니다.

참고로 스가노 씨에게는 한층 치명적인 결점이 있었습니다. 바로 '속 편하게 살고 싶다'는 지극히 유약한 성격입니다. 편히 살고 싶었던 스가노 씨는 능력 있는 사람들에게 점차 일을 맡겼고, 자신이 회사에 출근하지 않아도 회사가 돌아가는 구조를 만들었습니다. 그 결과, 지금은 20개가 넘는 회사를 거느린 오너이자 재력가가 되었죠.

스가노 씨는 늘 회사 직원들에게 감사한 마음을 가집니다. 혼자서는 아무것도 할 수 없음을 누구보다 잘 알기 때문입니다.

**이렇듯 부족하면 부족할수록
감사할 일도 많아집니다.**

다른 이들이 진가를 발휘할 수 있는 것은, 당신에게 부족한 부분이 있는 덕입니다.

**'난 퍼즐 조각이다' 하고 생각해 보세요.
퍼즐 조각은 애써 커지거나 변할 필요가 없습니다.
있는 그대로의 모습을 받아들이고,
주변과 연결되기만 하면 됩니다.**

퍼즐이기에 아무리 움푹 들어간 부분이 있어도 괜찮습니다. 그래야 움푹 들어간 부분을 메울 수 있는 이가 빛날 기회도 생기거든요. 그렇게 인연이 늘어나고, 퍼즐은 인연 속에서 점차 아름다운 그림으로 변해갈 겁니다.

46

실패하면 어쩌지?
걱정하느라 잠까지 설친다.

성장이란
새로운 실패를 저지르는 것.

"혹시 신규 사업을 열 개 이상 말아먹은 경험 있는 분
계십니까?"

방금 전 이야기한 스가노 잇세이 씨가 강연 참석자들에

게 던지는 단골 질문입니다. 그러면 매번 한두 명이 손을 듭니다. 스가노 씨는 신규 사업을 열 개 이상 말아먹었노라 손을 든 이들에게 이렇게 묻습니다.

"그렇지만 여러분의 연봉은 10억을 가뿐히 넘지 않나요?"

손을 들었던 사람들은 지금껏 100%의 확률로 '네'라고 대답했다고 해요.

싱가포르에 거주 중인 스가노 씨는 마흔이라는 젊은 나이에 20개가 넘는 회사를 거느린 재력가입니다. 그런 그는 누구보다 다양한 사업에 도전했다가 실패의 고배를 마셨습니다. 라멘 온라인 판매, 화장품 판매, 다이어트 보조제 판매, 카레 음식점 등 16개에 달하는 사업에 실패했죠. IT 사업에는 무려 25번이나 실패했다고 합니다.

하지만 이 말인즉슨, 누구보다도 많이 도전했다는 뜻이기도 합니다. 실패는 성공의 반대말이 아닙니다. 실패의 끝에 성공이 기다리고 있는 거죠.

**성공한 사람은 누구보다도 많이
실패해 본 사람입니다.**

스가노 씨는 신규 사업에 열 번 이상 도전한 사람 치고 한 번도 성공을 거두지 못했다는 사람을 여태껏 본 적이 없다고 합니다. 발명왕 에디슨도 전구를 발명하기까지 1만 번이 넘는 실패를 맛보았습니다. 하지만 무수히 많은 실패를 두고 에디슨은 '이 방법은 실패한다는 사실을 발견했다.'라고 말하기도 했죠.

**실패는 '발견'입니다.
또한 실패는 '발명'입니다.**

그러니 새로운 옷을 입고, 새로운 신발을 신고, 새로운 실패를 저질러봅시다.

47

목표나 꿈을 이루고 싶은데
무엇부터 시작해야 좋을지 도무지 모르겠어.

(꿈을 이루는 방법 ①)

방법을 안다면
그것은 꿈이 아니라
예정에 불과합니다.
모르는 상태로 나아가세요.

'언젠가는 책을 써보고 싶다.' 막연히 이런 꿈을 꾸기 시
작한 것이 2002년이었습니다. 하지만 제 주변에는 책을 써
본 사람이 단 한 명도 없었고, 어떻게 해야 작가가 될 수

있는지도 알지 못했습니다. 그래서 무엇 하나 확실한 행동으로 옮기지 못했고 그렇게 얼렁뚱땅 2년이라는 시간이 흘렀습니다.

그러던 어느 날 심리학 강좌를 수강할 때의 일입니다. 여덟 명이 한 그룹을 이뤄 진행하는 활동에서, 저는 책을 내보고 싶다는 꿈을 이야기했습니다. 그런데 우연히 같은 그룹에 작가가 있었던 겁니다!

"당신, 책을 내고 싶다고요?"

그는 저보다 꽤 나이가 어렸음에도 저를 '당신'이라고 칭하며 꽤 거만한 태도로 말했습니다.

"네. 언젠가 내보고 싶어요."

제가 대답하자 이런 질문이 돌아왔습니다.

"원고는?"

"어, 원고……는 아직 없는데요."

"뭐 하자는 겁니까? 책은 내고 싶은데 원고가 없다고요? 대체 뭐 하는 건지 모르겠네."

나이가 한참 어린 사람에게 대뜸 '뭐 하자는 거냐'는 비아냥을 들은 저는 당혹스러웠습니다.

"생각을 해봐요. '난 뮤지션이 꿈이야. 아직 한 곡도 써본 적 없지만.' 이렇게 말하는 사람이 뮤지션이 될 수 있을까? 당신 지금 이렇게 말하는 거나 마찬가지라고요.

난 책을 내고 싶다는 생각이 들자마자 원고를 썼어요. 언제든 편집자를 만나면 바로 보여줄 수 있도록 원고를 늘 가방에 가지고 다녔고. 왜 당신 가방에는 원고가 없죠? 지금 당신 가방에 원고가 있다면 내가 바로 편집자한 테 전해줄 수도 있어요. 당신은 기회를 날린 거라고요. 대체 뭐 하는 건지 모르겠군요."

이 말을 듣고 제 머릿속에서는 이런 변명이 빙빙 맴돌았습니다.

'맞는 말이긴 하지만, 내 주변엔 책을 내본 사람이 하나도 없어. 그래서 어떻게 하면 좋을지 정말 몰랐다고!'

이렇게 다시 항변하고 싶었지만 소심해서 말하지 못했죠. 얼마나 속상하고 분했는지 모릅니다. 다만, 속으로는 알고 있었습니다. 그가 하는 말이 100% 맞다는 것을요.

이때 제 마음에 불이 붙었습니다. 모르지만 일단 해보는 수밖에 없다는 생각이 들었죠.

그래서 책을 낼 요량으로 블로그에 서툰 글을 쓰기 시작했습니다. 그 글들이 결국은 저의 첫 책 『3초만에 행복해지는 명언 테라피3秒でハッピーになる 名言セラピー』로 이어졌습니다. 이제 와 돌이켜 보면 그는 제 은인입니다.

난생처음 해보는 일에 도전하는 겁니다.
당연히 방법을 알 리가 없습니다.

그러니 오늘 내가 할 수 있는 일을 하는 수밖에요.

오늘 첫 번째 문을 열면 두 번째 문이 보일 겁니다. 두 번째 문을 열면 세 번째 문이 보이겠죠. 이 과정을 되풀이하면서 조금씩, 가고 싶은 길에 가까워지면 됩니다.

이쯤에서 작가 기쓰카와 유키오 씨가 한 말을 소개해 드리고 싶어요.

"직접 해보지 않으면 모르는 일이 가장 즐거운 법."

그럼 마지막으로 묻겠습니다. 온 마음을 다해 대답해 주세요.

당신의 꿈은 무엇인가요? 꿈을 위해서 무엇을 하고 있나요?

네? 아무것도 안 한다고요?
뭐 하는 거예요!

48

하지만 역시 아무리 생각해도
어떻게 꿈을 이뤄야 할지 모르겠어.

(꿈을 이루는 방법 ②)

해본 적 없는 일은
생각하는 것이 아니라,
상상하는 것.

　해본 적 없는 일은 아무리 생각한들 알 수 없습니다. 해
본 적이 없으니 당연하죠.(하하)

　심리 상담가 야노 소이치 선생께 배운 건데, 경험한 적

없는 일은 생각하는 게 아니라 상상하는 것이라고 합니다. 아직 꿈이 구체적이지 않아도 괜찮아요. 꿈이 모두 이루어지면 내 삶이 지금과 어떻게 다를지 상상해 보는 거지요.

꿈이 모두 이루어진다면, 당신은 어떤 모습일까요?
지금과는 무엇이 어떻게 달라져 있을까요?

어떤 곳, 어떤 집에 살고 있을까요?
가족과의 사이는요?
어떤 일을 하고 있나요?
주위에는 어떤 친구들이 있나요?
라이프 스타일은 어떻게 달라져 있을까요?
지금은 없는 것 중에서 무엇을 가지고 있을까요?
지금은 할 수 없는 것 중에서 무엇을 할 수 있게 될까요?
주변 사람들은 당신에 대해 무어라 말할까요?

이렇게 상상해 보고, 이 중에서 지금 바로 할 수 있는 일을 시작해 보세요.

시간은 과거, 현재, 미래 순으로 흐르지만 잠재의식과 뇌에서는 다릅니다. 뇌에서는 미래가 가장 먼저입니다. '어떤 미래를 만들고 싶은가?'라는 목적이 없으면 뇌의 시간은 움직이지 않습니다. 일례로 우리는 목적 없이는 한 발짝도 움직이지 않죠. 두 발로 걸을 때는 반드시 목적이 있습니다. 지하철역에 가거나, 편의점에 가거나, 산책한다는 목적이 있을 때 행동이 일어납니다.

'아닌데? 전 아무 생각 없이 그냥 빈둥빈둥 노는데요?' 이렇게 말하는 사람도, 먼저 '빈둥거리자.'라고 생각했기에 빈둥거리고 있는 거죠. 목적이 없으면 뇌는 몸에 움직이라는 명령을 내리지 않습니다.

꿈이 모두 이루어진다면
미래는 지금과 어떻게 달라져 있을까요?

미래의 창조는 상상하는 것에서 시작합니다.

49

금방 싫증이 나는 성격이라
뭘 해도 오래가질 않는다.

**뭘 해도 오래가지 못하는 사람은
끈기가 부족한 게 아니라,
그만두는 결단력이 있는 것.**

재력가 스가노 잇세이 씨 이야기를 하나 더 들려드릴게
요. 그는 제가 아는 사람 중 그 누구보다 싫증을 잘 내는
사람입니다.

스가노 씨는 대학생 시절부터 무얼 하든 금세 질려서, 무엇을 하든 오래가지 못했습니다. 사회인이 되어서도 금방 질려하는 성격 탓에 한 직장에 오래 있지 못했죠.

우선 공사장 인부 일을 시작했지만 금방 그만두었습니다. 그 뒤 사무직으로 취직했지만 아침 일어나질 못하고 자주 지각하는 바람에 잘리고 말았죠. 탐정 일도 해보았지만 밤늦게까지 일해야 한다는 것 때문에 그만두었습니다. 영업 일도 해보았는데, 실적은 그럭저럭 좋았지만 영업직에 도무지 정이 붙지 않아서 그만두었습니다.

이렇듯 무엇을 하든 오래 붙들고 있지 못하는 사람은 스스로를 '난 끈기가 없어.'라고 규정하기 쉽습니다. 하지만 이제는 이렇게 생각하는 대신 '나에겐 그만두는 결단력이 있지.'라고 받아들이고, 자기만의 개성을 살리는 겁니다.

무엇을 하든 오래가지 못하는 사람은,
관점을 달리하면
새로운 일을 가뿐히 시작할 수 있는 사람입니다.

이 장점을 살리면 됩니다. 어떤 일을 오래 붙들고 있지 못한다는 것은, 안 되는 일은 훌훌 털고 앞으로 나아갈 수 있는 '단념하는 힘'이 있다는 뜻입니다.

결국 싫증을 잘 내는 스가노 씨에게 맞았던 것은 해본 적 없는 새로운 사업을 하나하나 시작하는 일이었습니다. 단, 금방 질리는 자신의 성격을 감안해서 처음부터 사업을 담당할 사람을 사장 자리에 앉히고 일임하는 방법을 택했습니다. 그러자 선순환이 이어졌고, 스가노 씨는 눈 깜짝할 사이에 20개가 넘는 회사의 소유주가 되었습니다.

쉽게 질려서 오래 못 가는 성격이야말로 스가노 씨의 가장 큰 무기였던 거죠.

결점은 뒤집어 생각하면, 당신의 무기가 될 수 있습니다.

50

사소한 일에도 신경을 쓰며
혼자 끙끙 앓는다.

1년 뒤에는 왜 고민했는지조차
기억나지 않을 테니,
마음껏 끙끙 앓아도 됩니다.

　아들이 막 초등학교 1학년이 되었을 때의 일입니다. 아
이에게 이런 말을 한 적 있습니다.
　"아빠는 말이야, 초등학교 1학년 때 기억은 거의 안 난

229

다? 그러니까 지금 일들은 다 크고 나면 모두 잊어버릴지 몰라. 마음에 잘 새겨두어야 해."

그러자 아이가 이렇게 말하더라고요.

"근데 아빠, 난 어제 일도 하나도 생각 안 나는데?"

⋯⋯아뿔싸. 그랬었지. 넌 언제나 지금을 사는 소년이었지.

"1년 전에는 어떤 고민이 있었나요?"

이렇게 물으면 대부분의 사람들이 바로 떠올리지 못합니다. 즉, 지금 고민하는 그 문제는 1년 뒤에는 기억도 나지 않을 일이 되는 거지요.

**지금의 자신에게 에베레스트산처럼
거대하고 까마득해 보이는 큰 문제도,
인생 마지막 날 돌이켜보면
얼굴의 보조개만큼이나 작은 문제일 겁니다.**

그러니 아무쪼록 마음을 편히 먹고 고민하세요.

안심하고 끙끙 앓아 보세요.

짬짬이 고민해 주세요.

인생은 한순간의 꿈 같은 것. 끙끙 앓는 것도 할 만한 소일거리를 찾은 것처럼 부담 없이 여기면 됩니다.

51

떠올리기만 해도 음울해지는 기억이 있다.
어떻게 하면 훌훌 털어낼 수 있을까?

생각이 났다면
기억을 새로 쓸 기회.
떠오를 때마다 베토벤 교향곡 9번을
머릿속에 틀어보세요.

　　중학생 때 저는 자전거로 15분 거리에 있는 학원에 다
녔습니다. 학원이 끝나고 밤 10시가 되면 주변이 온통 깜
깜해서 혼자 집에 가는 게 정말 무서웠죠.

그래서 생각해 낸 방법이 애니메이션 「도라에몽」의 만통통음치임에도 노래를 즐겨 부르는 캐릭터처럼 노래를 부르면서 돌아가는 것이었습니다. '골목대장 최고가수 나는 통통이♪' 이렇게 말이죠. 그러면 신기하게도 무서운 마음이 가시곤 했습니다. 무서울 때는 저처럼 '만통통 요법'을 응용해 보시기 바랍니다.(하하)

생각하기도 싫은 나쁜 기억이 떠오를 때는 베토벤 교향곡 9번의 후렴구를 속으로 재생하며 배경음악으로 삼아 보세요. 베토벤 교향곡 9번이 아니더라도, 기분이 밝아지는 곡이라면 무엇이든 좋습니다. 그리고 기억의 인상을 밝은 톤으로 바꾸는 겁니다. 부정적인 기억은 어둡고 우중충한 인상으로 남기 마련이니, 기억의 밝기를 두 배로 올리는 느낌으로 이미지화해 봅니다.

부정적인 기억에 등장하는 상대방을 2등신으로 만든 다음, 미키마우스 귀를 붙여서 귀엽게 만들어 보는 방법도 있습니다. 가령 '널 낳는 게 아니었는데.'라는 부모의 말이 트라우마로 남아있다면, 그 대사를 애니메이션에 나오는 귀여운 동물 캐릭터 등의 목소리로 바꿔보는 거죠. 이렇게 어두운 기억이 떠오를 때마다 최대한 가볍고 코믹하게 기억을 새로 써보는 겁니다.

**부정적인 기억이 떠오를 때마다
'실은 어떻게 하고 싶었나'를 상상하며
기억을 새로 쓰는 방법도 있습니다.**

이 과정을 되풀이하다 보면 언젠가 '이쯤 하면 됐어.' 하는 때가 옵니다. 어두운 기억이 떠오를 때야말로 기억을 새로 쓸 절호의 기회임을 명심하세요.

**우리 인생에 큰 영향을 미치는 것은
'사실'이 아닌 '기억'입니다.**

과거는 바꿀 수 없지만 '과거의 기억'은 얼마든지 새로 쓸 수 있습니다. 그러니 괜찮습니다.

52

'저 사람 혹시 날 싫어하나……'
하는 생각이 들 때는?

굳이
미움을 사봅시다.

일본을 대표하는 아방가르드 예술가 오카모토 다로 씨
의 무명 시절 이야기입니다. 오카모토 씨가 프랑스에서 귀
국한 당시 일본 회화계는 단순함과 투박함, 시간의 흔적과

은은한 정취를 담은 일본 특유의 미의식 '와비, 사비, 시부미'의 전성기였는데, 그는 이런 일본 회화에 위화감을 느꼈습니다.

자신이 그리고 싶은 것은 그저 아름답기만 한 그림이 아니었거든요. '이게 대체 뭐야?' 이렇게 사람들 눈이 휘둥그레질 만한 작품을 그리고 싶었습니다.

'하지만 그런 그림을 그리면 비난받겠지. 언론에서도 다뤄주지 않을 거고. 그림도 안 팔릴 것이다. 그러면 그림으로 먹고살 수 없게 되겠지. 생계가 막히면 그림을 그리기도 어려워질테고……'

이 길을 걸으면 내 화가 생명도 끝이 날 텐데…….
그럼 이 길로 끝까지 가보지, 뭐!

오카모토 씨는 이렇게 마음을 다잡았습니다.

와비, 사비, 시부미의 전성기. 수수한 색감이 주를 이루던 일본 회화계에 충격을 던진 것이죠. 캔버스를 새빨갛게 칠한 다음 샛노란 색과 새파란 색을 덧입히며 금단의 원색을 아낌없이 사용했습니다.

'박수보다는 미움받을 만한 그림을 그려주겠다'고 생각하면서 말이죠. 기꺼이 미움받겠노라 마음을 고쳐먹은 오카모토 씨는 역사에 길이 남을 예술가로 모두에게 사랑받게 되었습니다.

'미움받지 않을까?' 이런 생각에 불안하다면,
과감스레 미움을 사봅시다.

귀신이 딱 그렇습니다만, 상상할 때가 가장 무서운 법입니다. 상상하며 공포감에 떨 바에는 두려운 실체를 향해 한 발 내디뎌 보세요.

거기에 더해 '싫은 소리 한번 들어볼까!' 하고 자기 의지를 넣으면 마음가짐이 180도 달라집니다. 이를테면 누군가의 부탁을 받고 마지못해 야근하는 것과, '좋았어! 상사 한번 놀라게 해줘야겠군. 사흘 걸릴 걸 하루 만에 해줄게.' 하고 자기 의지를 넣는 것은 의욕부터가 완전히 다릅니다.

미움받으면 어때?

난 내 길을 간다.

이렇게 자기 의지를 한 방울만 넣어보세요. 마음이 맑아지고 후련해질 거예요.

53

도저히 이해 안 되는 사람이 있어서
답답하고 괴롭다.

서로를 이해하지 못하는 것은
불행이 아닙니다.
오히려 서로를 이해하는 것이
기적입니다.

　무슨 일이든 기대치가 높으면 조바심이 나기 마련입니
다. 우리 아이가 한자 시험에서 60점을 받아오면, 저는 아
이 머리를 쓰다듬으며 "대~~단한걸~!" 하고 아낌없이 칭

찬합니다. '백조白鳥'라는 한자를 '타조'로 잘못 읽을 만큼 한자를 어려워하기 때문입니다. 한자 시험 성적에는 애초에 큰 기대를 걸지 않으니 60점만 맞아도 박수가 절로 나오는 거죠.

자신의 기대치(인식)에 따라서 감정은 달라집니다. 누군가와 마음이 잘 통하지 않아서 고민이라면, '사람과 사람은 서로를 이해하는 것이 당연하다'는 생각을 바탕에 두고 타인에게 높은 기대를 걸고 있어서일지 모릅니다. 그래서 마음이 잘 통하지 않으면 스트레스를 받고 짜증이 나는 것이죠.

이런 분들을 위해 게슈탈트 요법의 창시자인 프레드릭 살로몬 펄스독일 태생의 정신과 의사·심리학자의 『게슈탈트 기도문』을 전해 드립니다.

나는 나의 일을 합니다.
당신은 당신의 일을 하세요.
내가 세상을 살아가는 것은

당신의 기대에 부응하기 위해서가 아닙니다.
당신 역시 나의 기대에 맞춰주기 위해
살아가는 것이 아닙니다.

당신은 당신, 나는 나.
우리의 마음이 우연히 닿을 때가 있다면
그건 정말 멋진 일일 것입니다.
혹여 우리 마음이 어긋난다 해도
어찌할 수 없는 일입니다.

덧붙이자면 뇌과학적으로 남성과 여성의 성격은 겹치
는 부분이 평균적으로 20%가량에 불과하다고 합니다. 서
로 온전히 이해하지 못하는 게 당연하다는 거죠.

그렇습니다.
누군가와 21%만이라도
서로의 마음을 이해한다면
그야말로 기적입니다.

54

항시 남들의 시선을
의식하게 된다.

**남이 어떻게 볼지 걱정하는 대신,
내가 어떻게 생각하는지를
느껴봅시다.**

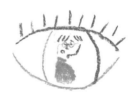

　어느 날 강연회에서 있었던 일입니다. 가장 앞줄에 앉
아있던 한 남성분이 잔뜩 찌푸린 표정으로 다리를 꼬고
팔짱까지 낀 채 제 이야기를 듣고 있었습니다.

사뭇 도전적인 그 모습에 저는 위축되었고, 그날 강연은 축축 늘어지고 말았습니다. 그런데 질의 시간이 되자 그 남성분이 누구보다 먼저 손을 번쩍 드는 게 아니겠어요? 가슴이 콩알만 해진 저에게 그분은 이렇게 말했습니다.

"제가 엄청 팬인데, 드디어 이렇게 만나 뵙네요. 정말 고맙습니다."

앗?! 뭐라고요? 지금 뭐라고 하신 거죠? 오래전부터 팬이시라고요?

조금 더 빨리 말해주시지 그러셨어요!

제 눈에는 몹시 불만 가득한 모습으로 보였지만, 알고 보니 그게 아니었습니다. 그분은 반가워서 어찌할 바를 모르는 강아지 같은 마음으로 맨 앞자리에 앉아 계셨던 거죠.(하하)

또 다른 강연에서는 맨 앞줄에 앉아서 강연 중반쯤부터 꾸벅꾸벅 조는 분이 계셨습니다. 급기야 헤드뱅잉까지 하며 주무시는 통에 무척 눈에 띄었고, 저 역시 그분이 신경 쓰여서 온전히 강연에 집중하지 못했습니다.

그런데 뒤풀이 자리에서 그분이 실은 제 열렬한 팬이었고, 바쁜 일정 중에도 꼭 와야겠다는 일념으로 한숨도 못 자고 야근을 마친 뒤 오셨다는 사실을 알게 되었습니다.

이런 일들이 계기가 되어 다른 사람이 어떻게 생각하는지를 마음대로 상상하는 것은 그만하기로 했습니다.

타인의 마음에 대해 100시간을 생각한다 해도, 아마도 대개 빗나간 생각일 겁니다.

남의 시선이 신경 쓰이고 남들 앞에서 긴장될 때는 '상대방이 나를 어떻게 생각할지'를 상상하는 대신 '내가 상대방을 어떻게 생각하는지'로 발상을 전환해 보세요. 그러면 주위의 시선에 휘둘리지 않을 수 있습니다.

'상대방'이 나를 어떻게 생각할지는 그저 억측이고 상상에 불과하지만, '내'가 어떻게 생각하는지는 진실이거든요.

불안하다고 느낀다면, 그 같은 자신의 마음을 먼저 보듬어주세요.

55

도저히 부모를 용서할 수 없다.

용서가 안 되는 부모는
용서하지 않아도 됩니다.
다만, 반면교사로 삼을 수 있음을
감사히 여깁니다.

"여러분은 자기 자신을 어떤 사람이라고 생각하나요?"

한번은 워크숍의 참가자들과 함께 나 자신이 어떤 사람
인지 적어보는 활동을 한 적 있습니다. 이때 '평화주의자,

타인과의 조화를 중요하게 여김, 내 생각을 가지고 있지만 가능하면 남들에게 맞추는 편'이라고 쓴 참가자 A씨가 있었습니다.

전 그분에게 "혹시 모친께서는 어떤 분인지도 적어볼 수 있을까요?"라고 제안했고, A씨는 이렇게 기록했습니다.

'이기적인 사람, 세상이 자기를 중심으로 돌아간다 생각함, 자기주장을 절대로 굽히지 않음, 특별 대우해 주기를 바람, 감정적이어서 화를 잘 냄'.

이어서 저는 "그럼 이제 마음에 드는 A씨 자신의 모습은 무엇인지 적어보세요." 하고 말했습니다. 그분은 이렇게 적었습니다. '친절함, 남을 배려함, 남에게 시키지 않고 직접 행동함, 감정에 휘둘리지 않고 다른 사람들의 좋은 면을 보려고 함'.

저는 A씨에게 말했습니다.

"혹시 알아채셨나요? 본인의 장점으로 적은 것들이 모두 A씨의 어머니와 반대되는 말이라는 것을요."

A씨의 눈이 휘둥그레졌습니다. 그녀의 장점은 어머니라

는 더할 나위 없는 반면교사가 있었던 덕분이었던 겁니다.

"어머니를 반면교사로 삼은 덕에, 지금 A씨에게 가장 큰 행복을 주는 존재라고 하는 아이들과 너무나 좋은 관계로 지내고 계시죠?"

그렇게 말하자, A씨의 눈에 눈물이 고였습니다.

힘겨운 일의 배경에는
영혼의 목적이 있다.

이렇게 생각해 보세요.

지금부터는 조금 영적인 이야기를 들려드릴 건데, 거부 감이 드신다면 가볍게 읽고 넘어가 주시기를 부탁드립니다. 전생을 볼 줄 안다는 분이 저와 아버지의 관계를 이렇게 풀이해 주었습니다. 전생의 저는 아버지를 똑 닮은 성격이었다고요.

저희 아버지는 무척 엄하셨고, 학창 시절 저는 휴일에도 놀러 나가지 못하고 줄곧 집에서 공부만 해야 했습니다. 그래서 아버지에게 맺힌 감정이 있다고 앞서 이야기해

드렸었지요.

그런데 전생의 저는 꼭 아버지 같은 태도로 제 가치관을 남들에게 강요하곤 했다는 겁니다. 그런데 인생 마지막 순간에 이르러서야 그 삶이 행복하지 않았음을 깨달았다고 해요. 그래서 지금 생에서는 전생에서의 실수를 되풀이하지 않기 위해 아버지의 영혼에게 전생에서의 제 성격을 연기해 달라고 부탁했고, 실수를 되풀이하지 않게끔 태어났다는 겁니다.

실제로 저는 아버지를 거울삼아서 아이들의 마음을 무엇보다 소중히 여깁니다. 전생 이야기가 진짜인지는 아무도 알 수 없지만, 이렇게 생각하니 악역을 자처해 준 아버지에게 새삼 감사한 마음이 들었습니다.

부모님이 용서되지 않는다면,
용서하지 않아도 괜찮습니다.
하지만 용서하지 않더라도
무언가에 대해 감사할 수는 있습니다.

56

아니, 싫다.
반면교사로도 삼고 싶지 않다.
절대로 부모를 용서할 수 없다.

부모를 용서하지 못해도
당신은 행복해질 자격이 있습니다

처갓집에서 키우던 요크셔테리어는 저를 무척 잘 따랐
습니다. 제가 가면 뭐가 그리 반가운지 방 안을 몇 번이고
빙글빙글 돌며 뛰어다녔고 곁에서 떨어지려 하지 않았죠.

한편, 새로 데려온 지 얼마 되지 않은 치와와는 저를 어쩌
나 싫어하는지 몇 번이나 물릴 뻔 했습니다. 치와와는 함
께 사는 가족 이외의 남성에게는 좀처럼 경계심을 풀지
않았습니다. 사람을 잘 따르는 개들에게도 좋고 싫음이 있
는 거죠.

싫어하는 사람이 있다는 것은 나쁜 일이 아닙니다.
용서하지 못 할 사람이 있다는 것,
그 역시 나쁜 일이 아닙니다.

그것이 설령 부모일지라도, 용서 못 할 만큼 나쁜 부모
도 있기 마련입니다. 그렇다면 용서하지 않아도 괜찮습
니다. 다만, 이것 하나만큼은 용서해 주세요.

부모는 평생 용서하지 않아도 되니,

도저히 용서할 수 없다고 느끼는 자신만은,
당신 자신만큼은 용서해 주세요.

도저히 용서가 안 된다는 마음 뒤에 숨어있는 당신의 마음은 단 하나입니다.

'더 사랑해 주길 바랐어.' '더 아껴주길 바랐어.'

이 마음을 소중히 하세요. 사실은 용서 못 하는 게 아닙니다. 아직 용서하고 싶지 않은 거죠. 부모를 사랑했기에, 부모를 향한 사랑이 깊었기에 아직은 용서할 수 없는 것입니다.

용서하지 않아도 괜찮으니,
일단 당신이 행복해졌으면 좋겠습니다.

부모를 용서하는 것은 당신이 행복해지고 난 뒤여도 충분합니다. 부모를 용서하지 못해도, 행복해질 자격이 있습니다.

57

무엇을 위해 사는지 모르겠어……

당신에게 행복이란 무엇인가요?
행복의 본질을
다시 살펴볼 때입니다.

이런 이야기가 있습니다.

어느 시골 마을을 지나는 여행자가 동네 어부와 대화를
나누었습니다.

여행자	낚시를 조금만 더 하면 고기를 더 많이 잡을 수 있을 텐데요.
어부	아니, 이거면 충분해요.
여행자	그래도 아깝군요. 남은 시간엔 뭘 하시나요?
어부	푹 쉬다가 고기 잡으러 나가지요. 돌아와서는 아이랑 놀고, 아내와 함께 낮잠도 자고요. 밤엔 친구들과 흥얼거리면서 술 한잔 기울이지요.
여행자	그러지 말고 고기 잡는 시간을 늘리는 건 어떤가요? 남은 고기는 내다 파는 거예요. 돈이 모이면 큰 어선을 사고요. 그런 다음 공장을 짓고, 생선을 외국으로 수출하는 거죠.
어부	그렇게 하는 데 세월이 얼마나 걸릴까요?
여행자	25년 정도면 되지 않을까요?
어부	그런 다음에는요?
여행자	그런 다음에는 주식을 팔고 억만장자가 되는 거죠. 그때쯤 되면 더 이상 일할 필요도 없을걸요.
어부	그러고 나면요?
여행자	은퇴 후엔 해안가의 멋진 집에 살면서 해가 중천에 뜰 때까지 편히 쉬다가, 낮에는 낚시를 하고

밤이 되면 친구들과 흥얼거리며 술잔을 기울이
면서 지내는 거죠. 어때요, 꽤 근사하지 않나요?

어부　　아니, 난 이미 그렇게 살고 있는데요?

우리는 무엇을 위해 노력하는 걸까요?
우리는 무엇을 위해 이토록 성공을 갈망할까요?

행복해지기 위해서 아닌가요? 그렇다면, 당신에게 행복
이란 무엇인지 한 번쯤 스스로 찬찬히 물어보세요.

무엇이 행복인지 알았다면, 이제 그 행복을 향해 나아
가기만 하면 되니 이야기가 단순해집니다.

무엇을 위해 사는 건지 모르겠다는 생각이 든다면 본
질을 돌아볼 때가 되었다는 뜻입니다. 본질이란, '나에게
행복이란 무엇인지'를 생각하는 것입니다.

가장 중요한 것을,
가장 소중히 여기며 살 수 있다면
그것으로 이미 크나큰 행복입니다.

58

이러니저러니 둘러대지만,
솔직히 말하면 의욕이 없다.

**의욕이 생기지 않는 원인은
마음보다는 몸에 있습니다.
잘 자는 아이가 건강하게 자란다는
말을 믿고, 일단 잠부터 푹 자볼까요?**

혹시 의욕이 생기지 않는 것을 자책하고 있지는 않나
요? 의욕이 없는 것은 비단 의지의 문제만이 아닙니다. 그
저 당신의 '몸'이 지쳤기 때문인지 몰라요.

의욕이 없을 때는 휴가를 쓰고 잠을 푹 자보세요. 일주일 동안 잠만 자다 보면 뭐라도 하고 싶은 마음이 자연스레 들 겁니다. 당신의 '몸'에 넘칠 만큼 보상도 해주세요. 맛있는 음식을 먹으러 가고, 온천이나 공기 좋은 곳으로 여행을 떠나도 좋겠지요. 멋진 옷이나 평소 사고 싶었던 것을 사는 것도 좋습니다.

마음이 힘들 때 마음의 문제 먼저 해결하려고 하면 오히려 멀리 돌아가게 되기도 합니다. '마음의 피로'는 곧 '몸의 피로'로 여기고, 마음이 괴로울 때는 몸의 긴장을 풀고 기분 전환할 수 있는 방법을 생각하는 것이 효과가 좋습니다. 가벼운 운동을 하며 땀을 흘리는 것도 몸의 긴장을 이완하는 데 도움이 됩니다.

정신력은 곧 체력입니다.

제가 왜 이런 생각을 하게 되었나 하면요. 제 주변 사람들을 비롯해 소위 천재라 불린 많은 이들이, 인생의 어느 시점에 줄곧 잠만 자던 시기가 있었음을 깨달았기 때문입니다. 얼마 전에 무척이나 인상적인 그림을 그리는 20대 초반의 화가를 만난 자리에서 저는 이렇게 물었습니다.

"인생의 어느 시점에, 이유도 없이 그냥 잠만 잤던 시기가 있지 않았나요?"

그가 놀라며 되물었습니다. "어떻게 아셨어요?"

인기 작가 요시모토 바나나 씨 역시 하루 대부분을 잠만 쿨쿨 잤던 시기가 몇 년 있었다고 합니다.

역시 잠 잘 자는 아이가 건강하게 자라는 법!

저도 주변에서 볼 때 무척 바빠 보인다는 소리를 듣지만, 정작 아내에게는 이런 볼멘소리를 자주 듣습니다.

"온갖 바쁜 척은 다 하면서 집에 오면 잠만 자네!"

잠을 줄이면 좋은 책을 쓰기 힘들 겁니다. 전 세상을 바꾸기 위해서 아낌없이 자는 거죠!(하하)

"깊이 잠들어있을지라도 영혼은 깨어있으며, 세상의 일에 동참한다."

– 헤라클레이토스(고대 그리스 철학자)

너무 많이 잔 것 같다는 죄책감은 필요치 않습니다. 마음 놓고 푹 자봅시다.

덧붙여, 잘 자는 것 외에 기력을 끌어올리는 데 효과적인 방법을 하나 더 소개할게요. 바로 일주일 동안 아침 햇살을 받으며 산책하는 거예요. 수면과 아침 햇살은 몸과 정신의 기운을 회복케 하는 보약과 같습니다.

59

'요즘 들어 좋은 일이라곤 하나도 없어.'
이런 생각이 들 때는?

좋은 일이 없는 게 아니에요.
좋은 말을 안 했을 뿐이죠.
딱 세 번만 말해 보세요.
"아~ 행복하다~"

어느 의사 모임에서 이런 실험을 했다고 합니다. 의사
다섯 명이 제각기 건강한 사람에게 "아니, 오늘 안색이
안 좋으신데 무슨 일 있으세요?" 하고 물었더니 멀쩡했던

사람에게 아픈 곳이 생겼다는 겁니다.

이번에는 반대로 환자에게 "안색이 한결 좋아지셨네요." 하고 말했더니 환자의 건강이 눈에 띄게 호전되었다고 합니다. 이 실험을 통해 의사들은 깨달았습니다.

'어쩌면 우리는 말로 환자들을
병들게 하고 있었는지도 모른다.'라는 사실을요.

그렇습니다.

사람은 말 한마디로도 행복해질 수 있습니다.

'요즘 좋은 일이 하나도 없네.' 이런 생각이 든다면 좋은 일이 없는 게 아니라, 그저 좋은 말을 입 밖으로 내지 않았을 뿐입니다.

속는 셈 치고 온천물에 몸을 담그고 있다고 상상해 보세요. 먼저 '휴~' 하고 몸의 힘을 뺀 다음 "아~ 행복하다." 하고 나직하게 말해보세요.

우리 뇌는 어떤 현상이 발생하면 어떻게든 합리적인 이유를 찾아내려는 경향이 있습니다. 즉 '아~ 행복하다~'라고 중얼거리기만 해도 뇌에서는 행복한 일을 찾아내려는 검색 기능이 멋대로 작동합니다.

'말'은 원하는 행복을 찾아내는 검색 엔진!

인터넷에 '행복'을 검색하면
'맛있는 음식을 먹을 수 있다는 것',
'두 발로 걸을 수 있다는 것',
'눈으로 볼 수 있다는 것' 등……
세상에는 소소하지만 귀한 행복이 참 많다는 것을 알 수 있습니다.

행복한 사람이란. 조그마한 행복을 보는 사람.
불행한 사람이란. 조그마한 불행을 보는 사람.
어디를 보려 하느냐의 차이일 뿐입니다.

60

일에서 더는 보람이나 의미를 찾지 못한다면
무엇을 어떻게 바꿔야 할까?

**일이란 감동을 전하는 것.
먼저 일에 대한 해석을 달리해 봅시다.**

경영의 신이라 불린 파나소닉 창업주 마쓰시타 고노스
케 씨가 생전 인터뷰에서 '왜 땅에 투자하지 않느냐'는 질
문을 받았습니다. 땅을 사면 쉽게 돈방석에 앉을 수 있던

시대였지만 마쓰시타 씨는 땅에 욕심을 내지 않았거든요.

결과적으로 부동산 거품이 꺼지고 많은 회사가 도산할 때 마쓰시타 씨는 화를 면할 수 있었습니다. 그는 왜 땅에 투자하지 않았을까요? 바로 일에 대한 해석이 남달랐기 때문입니다.

'일이란 감동을 주는 것'

사람들의 삶을 윤택하게 해주는 무언가를 만들어 감동을 선사하는 것. 이것이야말로 마쓰시타 씨가 정의한 '일'이었습니다. 땅을 사두었다가 땅값이 올랐을 때 파는 것은 일의 축에도 들지 않았던 거죠.

친구 중에 주먹밥 가게를 운영하는 친구가 있습니다. '내 일은 주먹밥을 팔아 돈을 버는 거야.'라고 생각했던 때는 적자가 이어졌고 직원도 툭하면 그만두고는 했습니다. 관리자급 직원 여럿이 동시에 그만두겠다고 한 적도 있었고요. 나가겠다는 직원의 마음을 붙잡을 만한 비전을 제시하지 못하는 자신의 초라한 모습을 보며 더는 일에서 보람을 느끼지 못했다고 합니다.

이런 절망 속에서 친구는 자기 일의 본질을 돌아보았습니다. '난 그저 주먹밥만 파는 인생인 걸까?' 하고요. 그 결과, 일에 대한 인식은 가슴 뛰는 생각으로 바뀌었습니다.

'나의 일은, 음식을 통해서 조상들이 소중히 일궈온 식문화를 이어가는 것.'

조상들이 소중히 일군 식문화를 이어가는 게 자신의 사명이라는 것이었죠. 이렇게 생각하니 보람이 느껴졌습니다. 단순히 주먹밥을 파는 데에 그치지 않고, 주먹밥에 들어가는 재료 하나하나의 생산자가 고수하는 신념에 초점을 맞추었습니다. 좋은 품질의 재료를 가꾼 이들이 지켜온 전통과 철학을 매장 앞 입간판과 뉴스레터로 고객에게 알리기 시작했습니다. 직원들의 마음에도 점점 자부심이 커지면서 빈번히 그만두는 일도 사라졌고, 마침내 흑자로 전환하기에 이르렀습니다.

일에 대한 해석을 바꾸면 발상이 바뀌고, 도출되는 아이디어도 완전히 달라집니다. 그러니 이제부터는 이렇게 생각해 보세요.

'내 일은, 사람들에게 행복을 주는 것.'

그것만으로 발상의 폭을 한층 넓힐 수 있을 거예요.

61

솔직히 말하면
꿈이 이뤄질 것 같지는 않아.
(꿈을 이루는 방법 ③)

꿈이 이루어지지 않는 이유는
꿈이 너무 작기 때문입니다.

이루고 싶은 꿈이 있다는 분들에게 저는 그 꿈과 더불
어 다음과 같은 사항도 강력히 추천하고는 합니다.

"인도에서 배우가 되겠다는 꿈을 가지세요!"

인도 영화는 심각한 대목에서 갑자기 노래와 춤이 펼쳐지는 장면으로 전환되는 경우가 심심치 않게 있습니다. 상당수가 뮤지컬 형식이에요. 즉, 인도에서 배우가 되려면 노래와 춤도 노련하게 소화할 수 있어야 한다는 뜻이지요. 인도에서 배우가 된다는 게 결코 만만한 일이 아닐 것 같죠? 혈액형 B형의 비율이 상대적으로 높은 인도에서 인기배우가 되겠다는 것은, 차분하고 꼼꼼한 성향의 A형 비율이 높은 아시아인에게는 아마도 요원한 꿈일지 모릅니다.

생각이 여기까지 미쳤다면 이제 진짜 꿈을 떠올려보세요. '인도에서 배우가 되겠다는 꿈에 비하면 이런 것쯤은 별거 아니겠네!' 이런 생각 들지 않나요? '별거 아니야.'라는 생각이 들고 나면 꿈을 이루기가 한결 수월해집니다. 이것이 바로 '인도에서 배우가 되겠다는 꿈을 품으면 진짜꿈을 이루기 쉬워지는 이론'의 전모입니다.

하나도 도움이 되지 않는다고요?(하하) 그렇습니다. 여기까지는 서론이었고, 지금부터 진짜 본론입니다.

죽었다 깨어나도 실현 불가능한, 터무니없이 큰 꿈을 하나 가져보라고 권하고 싶어요.

'세상의 모든 전쟁을 종식할 수 있을 만한 인류애에 관한 이야기를 써서 노벨평화상 받기'

'10조를 벌어서 기아로 고통받는 전 세계 아동 돕기'

'체 게바라를 뛰어넘는 혁명가 되기'

이렇게 큰 꿈을 말이죠.

그러면 눈앞의 꿈과 목표는 통과 지점이 됩니다.
꿈에 주눅 들어있으면 꿈을 이룰 수 없습니다.

이루어야 할 무언가가 아니라 거쳐야 하는 기착지일 때, 꿈은 자신도 모르는 사이에 이루어집니다. 평화로운 세상을 만들고 싶다는 꿈을 따라 움직이는 사람은 '이번 달 월세 어떻게 내지?' 같은 고민은 상대적으로 작게 느껴질 것 같지 않나요?

커다란 소망을 품으면,

어느새 작은 소망은

이루어져 있기 마련입니다.

격파의 달인은 기왓장을 깰 때 맨 위 기왓장에 집중하지 않습니다. 가장 아래에 깔린 기왓장에 온 신경을 집중하지요. 그러면 맨 아래 기왓장에까지 에너지가 다다른다고 합니다.

큰 꿈을 이루는 과정에서 작은 꿈은 자연스레 이루어집니다. 꿈이 이루어지지 않는 것은 꿈이 작기 때문이고, 꿈이 작다는 것은 인생에서 가장 큰 리스크인 셈이지요.

부정적인 감정과
잘 지내는 법 ④

그럼에도 불구하고
마냥 긍정적으로 바라보기 힘든 당신에게

○

'긍정적으로 말하려고 노력하지만, 나도 모르게 부정적인 생각이 들고 마음 약한 소리를 하게 돼요. 이런 나는 글렀다는 자괴감도 들어요.'

아마도 이런 고민을 하는 분이 많을 겁니다. 참고로 저는 그런 자괴감은 느끼지 않습니다. '부정적인 말도 할 수 있는 거 아닌가?' 이렇게 생각하거든요. 자괴감이 드는 이유는 긍정적으로 말해야 한다고 '해석(확신)'하기 때문입니다.

271

프롤로그에서도 말했듯이 우리의 행동은 다음과 같은 흐름 속에서 이루어집니다.

❶ 사건(사실) → ❷ 해석(의미 부여, 확신) → ❸ 감정 → ❹ 행동

'❸ 감정'은 '❷ 해석'이 있기에 생겨납니다.

감정은 원인이 아닌 결과이기에 결과 자체를 아무리 바꾸려 한들 별수가 없습니다. 원인은 바로 **해석**에 있습니다.

'해석'은 달리 말하면
의미 부여, 확신, 가치관, 신념입니다.

'무슨 일이 있어도 이렇게 해야 해, 이건 이래야만 해, 이게 맞아, 이건 잘못된 거야……' 이 같은 생각 모두가 당신의 해석입니다.

가령 '미움받으면 안 돼.'라는 해석이 있으면, 타인의 시선을 의식하는 '불안감'이 생깁니다.

'밝은 사람이 되어야 해.'라는 생각은 어두운 자신에 대한 '혐오감'을 만들어냅니다.

'약한 모습을 보여서는 안 돼.'라는 생각은 나약한 자신에 대한 '초조함'을 만들어냅니다.

'부탁을 거절하면 안 되지.'라고 생각하니까 거절에 대한 '죄책감'이 생기지요.

'학교는 꼭 가야 하는 거야.'라고 생각하니까 학교에 안 가겠다는 아이에게 '화'가 납니다.

'모든 사람과 잘 지내야 해.'라는 생각이 있으니 원만하게 지내지 못하는 자기 자신이 싫어집니다.

이렇듯 **감정**의 배후에는 감정의 원인이 되는 **해석**이 있습니다.

다만 문제가 되는 해석(의미 부여, 확신, 가치관)은 자기 자신에게는 너무나 당연한 '상식'이기에 의심은커녕 평소에는 그 존재조차 자각하기 어렵습니다. 그러니 부정적인 감정이 들 때야말로 **해석을 발견할 기회**입니다.

부정적인 감정 뒤에는
어김없이 해석(의미 부여)이 있기 때문입니다.

부정적인 감정이 들 때야말로 기회입니다. '난 어떤 확신과 가치관을 가지고 있기에 이렇게 부정적인 감정이 드는 걸까?' 이렇게 생각해 보세요. 그러면 '미움받으면 안 돼, 실수하면 큰일 나, 학교에는 가야지······' 이렇게 자기 자신을 옭아매는 갖가지 생각이 튀어나옵니다.

내 안의 확신이 튀어나오면
'아, 난 이렇게 생각했었구나. 그래, 그랬어.'
그저 이렇게 인정하면 돼요.

옳고 그름의 가치 판단을 할 필요는 없습니다. 판단하면 또 자기 자신을 탓하게 되는 악순환에 빠지거든요. 무엇이 나를 옭아매는지 들여다보기만 해도 한결 자유로워질 수 있습니다. 유령도 정체가 훤히 보이면 무섭지 않듯이 말이죠. 애써 밝은 사람이 되려고 노력하지 않아도 괜찮습니다.

진정한 긍정이란 부정적인 생각을 있는 그대로 받아들이는 상태입니다. 있는 그대로 받아들일 때, 우리는 처음(중립)으로 돌아갈 수 있습니다. 원점에 서면 미래를 한결 자유롭게 선택할 수 있습니다.

62

이것저것 배우고 애썼지만,
달라진 게 없는 것 같아.

**마냥 그대로라는 생각이 드는 건
기분 탓입니다!
사람은 100% 변합니다.**

　오히려 '변하지 말아 달라'는 부탁을 들어주고 싶어도 그럴 수 없을 만큼 사람은 항시 변화하고 있습니다. 일례로 당신은 1년 전과는 전혀 다른 사람입니다. 인체 세포는

신진대사와 재생을 거쳐 대략 10~11개월이면 장기와 근육, 피부, 적혈구 등 대부분이 새로운 세포로 대체됩니다 (가장 오래 걸리는 뼈 조직도 10년가량이면 싹 바뀝니다). 1년이 지나면 몸 구석구석 전혀 다른 사람이 된다는 것이지요.

달라진 게 없다고 스스로 여기기에
그대로 머문 듯이 보이는 현실을
창조하고 있을 뿐입니다.

달라진 것 없이 제자리라고 느끼는 것은, 머리카락처럼 매일 아주 조금씩 자라기에 그 변화를 알아채지 못하는 것뿐이에요. 저도, 당신도 매 순간 시시각각으로 변화하고 있습니다. 연인도, 가족도 어제와는 다릅니다.

매 순간, 모든 것이 새롭습니다.

5년 전 모습과 지금을 비교해 보세요. 10년 전 모습과도 비교해 보기 바랍니다. 새로이 할 수 있게 된 일이 꽤 많을 겁니다.

중국 격언 중에 '선비 사흘을 만나지 못했다면 괄목상대해 보라.' 이런 말이 있습니다. 3일이나 만나지 않으면 놀랄 만큼 성장해 있을 테니 눈 비비고 잘 봐야 한다는 뜻입니다.

맨날 똑같다고 걱정하지 않아도 괜찮습니다. 오히려 변하지 않는 모습이기가 어려울 정도로 우리는 매일 달라지고 있습니다.

눈 깜짝할 사이에, 새로운 내가 되어있는 거죠.

오늘의 나는 어제의 나와는 다른, 전혀 새로운 나입니다.

63

아무짝에도 쓸모없는 나란 인간.
그냥 이렇게 살아도 되는 걸까?

괜찮고 말고요.
쓸모없다는 것은
거짓이거든요!

지구상에서 영양분이 가장 많은 모이는 곳은 깊은 바
닷속 해구입니다. 해구에는 비중이 큰 화합물인 '인산'이
가라앉아 있습니다. 그런데 이 인산은 사실 숲이 울창하

게 자라는 데 꼭 필요한 성분입니다.

**숲에 꼭 필요한 성분이
깊은 바닷속에 가라앉아 있습니다.
이것이 바로 지구의 신비입니다.**

그렇다면 심해의 인산은 어떤 과정을 거쳐서 숲에 이르게 될까요? 먼저 심해 해구에 서식하는 작은 새우가 인산을 섭취합니다. 인산을 섭취한 새우는 심해어에게 잡아먹히죠. 이 심해어를 바다 중간층에 사는 물고기가 꿀꺽합니다. 이런 과정을 거치면서 해구에 가라앉아 있던 인산이 바다 상층부를 헤엄치는 물고기가 있는 곳까지 올라옵니다. 하지만 여전히 바닷속이지요. 여기서 어떻게 육지의 숲속까지 이를 수 있을까요? 이때 '이제 나에게 맡겨!' 하는 물고기가 등장합니다.

바로 연어입니다. 연어는 말 그대로 목숨을 걸고 바다를 벗어나 강물을 거슬러 오릅니다. 해수에서 일생의 대부분을 보내다 가장 깨끗한 담수가 있는 곳, 그러니까 지하수가 솟아오르는 곳에 이르면 체력을 다해 생을 마감하죠. 이때 연어의 열정을 헛되이 하지 않기 위해 나타나는 존재가 있습니다.

곰입니다. 곰이 숲과 어우러진 강에서 연어를 건져 먹음으로써 마침내 인산이 숲에 다다릅니다. 그리고 곰이 먹다 남긴 연어의 잔해를 먹고서 산 정상에 올라 똥을 누는 동물이 나타납니다.

너구리입니다. 너구리가 산 정상에 똥을 눕니다. 이로써 마침내 심해 해구에 있던 인산이 산 정상에 이르렀습니다. 대미를 장식하는 비가 내리고, 인산은 온 숲에 스며듭니다.

Life is beautiful.

이 세상은 그야말로 아름다운 조화를 이루고 있습니다. 산 정상에서 똥을 누는 것만으로도 너구리는 세상을 구하고 있는 셈이죠.

사람도 마찬가지입니다. 아무런 쓸모가 없다고 생각하

는 것은 자유입니다. 그렇지만 알고 보면, 당신이 당신으로 존재하는 것만으로도 누군가에게는 엄청난 힘이 됩니다. 당신이 미처 깨닫지 못하는 곳에서 말이죠.

적어도 당신이 내쉬는 이산화탄소가 식물을 구합니다. 혹은 발아래에 핀 민들레를 보고 어여쁘다 생각했다고 칩시다. 당신은 민들레에게 그야말로 축복을 내려준 셈입니다. 위대한 가치가 있는 행위죠. 민들레의 존재 가치를 당신이 만들어준 것이니까요. 이 책을 읽고서 당신이 재미있다고 느꼈다면 저도 작가가 된 보람이 있습니다. 참 고맙습니다.

당신은 당신인 것만으로도 멋집니다.
당신은 당신으로 있는 것만으로도
가치가 있습니다.

이렇게 깨닫는 날이 올 테니 그때까지 잘 버텨봅시다.

64

나 하나 바뀐다고 세상이 달라지지 않는데,
내가 바뀌는 게 무슨 소용이냐고.

당신이 기분 좋게 지내는 것만으로도
세계 평화에 기여하는 셈입니다!

사람이 저지르는 가장 큰 잘못이 뭐라고 생각하나요?
타인을 비난하는 걸까요? 분노에 사로잡혀 있는 대로 화
를 터트리는 걸까요? 이런 말이 있습니다.

'사람의 가장 큰 잘못은 불쾌감에 매몰되는 것.'

어느 라멘 가게 이야기를 들려드릴게요. 한 고객이 미소 라멘 식권을 구입해 자리에 앉았습니다. 점원이 "미소라멘 맞으시죠?"라고 물었는데 고객이 "식권에 적혀 있잖아요! 뭘 일일이 물어!" 하고 버럭 소리쳤습니다. 호통을 들은 점원은 주방 요리사에게 화풀이하듯이 고함치며 주문을 전달했죠. 요리사 역시 화가 치밀었습니다.

요리사는 언짢은 기분을 떨치지 못한 채 집에 돌아왔습니다. 맥주라도 마시면서 스트레스를 풀 심산으로 냉장고 문을 열었지만 맥주가 없자 아내에게 성질을 냈습니다. 요리사의 아내는 짜증이 났고, 아이가 음식에서 골라 남긴 피망을 보고 아이에게 버럭 화를 냈죠.

다음날, 요리사의 아이는 학교에서 친구들에게 시비를 걸고 싸웠고 요리사의 아내가 학교로 호출되었습니다. 아이의 이야기를 들어보니 전날 밤 엄마에게 혼났던 일이 마음에 남아서 친구들에게 싸움을 걸었다는 사실이 밝혀졌죠. 집에 돌아온 아내는 학교에서 있었던 일을 아이 아빠에게 이야기했고, 요리사는 직장에서 받은 스트레스를 아내에게 풀었다는 사실을 깨달았습니다. 이튿날 출근한 요리사는 점원에게 며칠 전 왜 갑자기 화를 냈었는지 물었고, 언짢은 고객의 무례한 행동이 발단이었음을 알게 되었습니다.

이 이야기는 라멘 프랜차이즈 설명회에서 나온 실화라고 해요.

불쾌감은 전염됩니다.
그래서 가장 큰 잘못인 겁니다.

그렇다는 것은, 반대로 당신이 유쾌하게 행동하면 주변에 행복을 퍼뜨릴 수도 있다는 뜻입니다. 유쾌함도 주위 사람들에게 전염되거든요.

하버드대학에서 1만 2천명이 넘는 사람을 대상으로 30년 넘는 기간 동안 추적 연구한 결과에 따르면, 매일 얼굴을 마주하는 가족이나 친구가 행복감을 느끼면 우리가 행복감을 느낄 확률도 15% 높아진다고 합니다. 심지어 행복감은 친구뿐 아니라, 그 친구의 친구에게까지 영향을 미친다고 합니다. 예를 들어서 당신의 친구 A가 있고, A의 친구 중에 제가 있다고 가정해 봅시다. 이렇게 되는 겁니다.

① 당신   ② A(당신의 친구)   ③ A의 친구(히스이)

당신과 저는 공통으로 A를 알지만, 서로 일면식은 없습니다. 하지만 제가 큰 행복감을 누리며 지내면, 저의 행복이 A에게 전해지고, 얼굴조차 본 적 없는 당신에게까지 영향을 미쳐서 당신의 행복도가 10% 높아진다는 겁니다. 이렇듯 누군가의 행복은 그 친구의 친구에게까지 영향을 줍니다.

**행복하고 밝게 지내기만 해도
당신은 세계 행복의 주역이 될 수 있는 거지요.**

그러니, 오늘도 활짝 웃어봅시다!

65

석양을 보면 왠지 모르게
쓸쓸한 기분이 들어.

해 지는 순간,
소원을 빌면 이루어진대요!

별똥별을 보며 소원을 빌면 이루어진다는 말은 어디에
서 나왔을까요? 유성이 떨어지는 것은 순식간입니다. 그
찰나의 순간에 소원을 빌 수 있다는 건 그만큼 평소에

이루고 싶은 꿈을 간절히 생각하고 있었다는 뜻이기도
할 겁니다.

꿈을 마음속에 그려보는 횟수와
꿈이 이루어지는 속도는 비례하는 것 같아요.

작가가 되기 전에 어떤 모임에 참석했다가 '언젠가 카
페를 여는 게 꿈'이라고 말한 적이 있습니다. 하지만 한 달
뒤 그 꿈은 이루어지지 않을 거라는 사실을 깨달았죠. 그
한 달 동안 카페에 대해 한 번도 생각한 적이 없었거든요.
어떤 카페를 열고 싶은지 단 한 차례도 떠올려보지 않았
다니, 이 정도면 꿈이라고 말하기도 민망하지요.

이루고 싶은 꿈을 일상에서 더 많이 떠올리고 그려볼
계기를 만들 필요가 있습니다. 그 훌륭한 계기가 될 수 있
는 것이 바로 석양입니다.

기네스 세계 기록에서 역사상 가장 성공한 엔터테이너
로 인정받은 팝의 황제 마이클 잭슨. 사실 그가 수많은 꿈
을 차례차례 이룰 수 있었던 비결은 석양에 있었습니다.

"해가 지는 걸 보면서 늘 조용히 남몰래 소원을 빌었어요. 마지막 빛이 수평선 뒤로 넘어가 사라지기 직전에 비는 거죠. 그러면 태양이 제 소원을 보듬어줬어요. 그 순간 소원은 단순한 꿈이 아닌 목표로 모습을 바꾸죠."

꿈을 이룰 수 있었던 비결에 관해 마이클 잭슨은 이렇게 이야기했습니다. 일출이 아닌 일몰의 순간이라는 것도 그답다는 생각이 드네요.

이제부터는 석양을 보면 '내가 진짜 하고 싶은 게 뭘까?' 이렇게 스스로에게 물어보고, 자신의 진짜 마음과 꿈을 돌아보는 시간으로 삼아보세요.

'석양 = 꿈'
석양을 볼 때마다 진짜 하고 싶은 게 뭔지,
어떤 사람이 되고 싶은지.
꿈에 대해 생각해 봅시다.

석양이 하늘을 물들일 때 당신의 마음도 꿈으로 물들 겁니다.

66

쉽게 질투하고, 미워하고, 원망하고……
사랑이 부족한 내 자신이 혐오스럽다.

**혐오스럽다 느끼는 것은
실은 사랑하고 싶기 때문입니다.**

　세상에서 가장 오래된 경전이라 불리는 고대 인도 철
학 '베다Veda'. 베다에서 말하는 세계관에 따르면 예로부
터 이 세상에는 단 하나의 의식(신)만이 있었습니다. 그리

고 그 단 하나의 의식은 그 자체만으로 지복至福이 흘러넘 쳤지요.

그런데 그 지극한 행복을 버리면서까지 나뉘는 길을 택 했다는 겁니다. 나뉘지 않으면 증오도, 질투도, 두려움도 없었을 텐데 굳이 나뉘는 길을 택했습니다.

왜 신은 완전한 행복을 버리면서까지 나뉘는 길을 택했 을까요? 베다에서는 이유를 이렇게 설명합니다.

'사랑하고 싶으니까.'

단 하나의 의식만 존재한다면 애초에 사랑할 대상이 없 으니 사랑이라는 경험이 불가능합니다. 그렇다면 증오, 질 투, 두려움은 무엇을 위해 존재하는 것인가요?

모든 것은 사랑을 경험하기 위해서입니다.

사랑이 설 곳을 만들기 위해 필요한 거죠.
목적은, 사랑입니다.

우리가 사는 별은 사랑이 아닌 것들로 넘쳐납니다.
이를 반대로 생각하면
사랑을 발휘할 기회로 넘쳐납니다.

빌런이 없다면 슈퍼히어로가 진가를 발휘할 기회는 오지 않습니다. 증오, 두려움, 불안 등 온갖 감정이 만연하는 이 별에 우리가 태어난 이유는 바로 사랑을 발휘하기 위함입니다.

이 지구는 사랑을 배우기에 더할 나위 없이 좋은 곳입니다. 그러니 마음껏 즐겨봅시다.

67

내 삶은 줄곧 고생과 괴로움의 연속이었다.
언제까지 이렇게 살아야 할까.

인생의 마지막 장면.
힘들었던 기억은
행복한 기억으로 바뀝니다.

누군가가 요양원에 계신 어르신들께 물었습니다.

"지금까지의 인생에서 가장 행복했던 기억이 뭐예요?"

그랬더니 하나같이 "글쎄, 행복했던 거?" 하며 갸우뚱했고, 분위기는 좀처럼 무르익지 않았다고 합니다. 그런데 이렇게 바꿔 물었더니 언제 그랬냐는 듯 분위기가 후끈 달아올랐습니다.

**"지금까지의 인생에서
가장 기억에 남는 일이 뭐예요?"**

어르신들은 이 질문에 생기 넘치는 표정으로 앞다투어 이야기를 꺼내기 시작했다고 합니다. 어떤 이야기냐고요?

저마다의 고생담을, 힘들었던 이야기를요!

"아니지, 아니야. 내가 얼마나 힘들었다고!", "에이, 나야말로 죽을 고생을 했어!" 이렇게 자신이 얼마나 불행했는지를 자랑하듯 말했습니다. 그리고,

**고생담을 풀어놓을 때의 얼굴이 그 어느 때보다
생기 넘치고 빛나 보였다고 합니다.**

어르신들의 이야기를 들으며 질문한 이는 혼란스러웠다고 해요. 사람은 과연 행복해지기 위해서 태어난 건지, 아니면 고생을 즐기기 위해 태어난 건지 말이죠.

행복이란 돌이켜보면 거기에 있는 거라고 생각합니다. 힘든 상황을 온몸으로 맞닥뜨려 도망치지도 못하고 울며겨자 먹기로 마주했던 순간이, 언젠가는 단 하나뿐인 소중한 기억으로 바뀝니다.

삶에는 두 종류의 사치스러운 시간이 있습니다. 즐기는 시간과 배우는 시간입니다. 힘들 때일수록 그 어느 때보다 깊이, 더 많이 배우고 있는 거지요.

68

병에 걸렸다는 사실을
받아들이기 힘들다……

병이 찾아온 이유는
과거가 아닌 미래에 있습니다.

유능한 웨딩 컨설턴트로 명성이 자자한 시라코마 히토
미 씨(129쪽에서 잠시 언급한 바 있습니다)가 역사와 문화에
도 매우 해박하다는 사실을 알고, 저는 역사책을 함께 써

보지 않겠느냐고 제안한 적이 있습니다. 그런데 사실 당시는 시라코마 씨가 암이 재발한 직후였습니다.

"이 상태에서 완치된 분은 지금껏 본 적이 없습니다." 시라코마 씨는 주치의에게 이 말을 듣고 눈앞이 캄캄해졌다고 합니다(저는 시라코마 씨가 이런 상황임을 당시에는 전혀 알지 못했습니다). 이어지는 주치의의 말은 더욱 막막하기만 했습니다.

"앞으로 아이를 누가 돌봐 줄지, 몸을 움직일 수 있을 때 미리 가족과 상의해 정해두시는 게 좋겠습니다."

그녀는 그날 이후로 웃음을 잃어버렸습니다. 한창 엄마의 손길이 필요한 초등학생 아이 둘을 두고 먼저 떠나야 한다니요. 밤에 곤히 잠든 아이들 얼굴을 볼 때면 눈물이 멈추지 않았습니다.

이전까지 시라코마 씨는 하고자 하는 일을 차례차례 실현하며 충실한 일상을 보내고 있었고, 식사도 결코 소홀히 하지 않았습니다. 나이도 아직 40대였습니다. 그럼에도 암에 걸렸다는 사실이 현실로 받아들여지지 않아 '어째서

암이, 왜 하필 나야.'라는 절망감과 원망에 눈물짓는 날이 이어졌습니다. 그러던 어느 날 그녀의 친구가 이렇게 말했다고 합니다.

"난 네가 웃지 않아도 괜찮아.
짜증을 내도, 침울해져 있어도
이 세상에 있어주는 것만으로도 기쁘다."

그 무렵 웃음을 완전히 잃은 시라코마 씨는 친구의 말에 담담한 위로를 받았습니다.

'애써 웃어 보이지 않아도 그저 여기 있는 것만으로 누군가에게 희망과 용기가 될 수 있다면, 설령 암이 완치되지 않더라도 행복한 인생 아닐까?'

그리고 문득 이런 생각이 들었다고 해요.

지금껏 암에 걸렸다는 사실을 받아들이지 못해
괴로웠는데, 어쩌면 암에 걸린 이유는 '과거'가 아닌
'미래'에 있는 것이 아닐까 하는 생각 말이죠.

미래에 더욱 빛날 자신을 위해 필요한 경험이 바로 암을 극복하는 과정은 아닐까 하고 말입니다. 이렇게 생각하니 익숙한 풍경이 반짝여 보이기 시작했고, 희망과 기운이 샘솟는 것을 느꼈다고 합니다. 그리고 다음 검진 때 기적이 일어났습니다. 놀랍게도 암이 사라진 거죠.

덕분에 저와 함께 쓴 책『인생이 고민스러울 땐 '일본사'에 물어봐人生に悩んだら「日本史」に聞こう』국내 미출간도 무사히 완성되었고, 시라코마 씨는 전국을 누비며 강연하는 인기 역사 강연가로 자리매김했습니다. 암 투병 생활은 찬란하게 빛나는 미래를 위해 필요한 경험이었던 거지요.

"아무리 괴로운 일도,
슬픈 일도, 기쁜 일도, 즐거운 일도 모두
언젠가 좋은 날을 위해 있는 거예요."

– 사사다 유키에(에세이스트)

69

앞날을 생각하면
막연한 불안감이 밀려든다.
이 마음, 어떻게 다스려야 할까?

미래는 정해가는 것.
근거는 필요치 않습니다.
미래는 장밋빛이라고 정해버립시다.

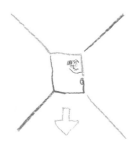

　'센짱'이라고 불리는 남성은 10억 원이나 빚을 떠안은
데다가 무직 상태였습니다. 앞으로 어떻게 살아가야 할지
막막해진 그는 컨설턴트 후쿠시마 마사노부 씨에게 고민

을 털어놓았습니다.

하지만 제법 심각한 고민을 털어놓고 있는데도 후쿠시마 씨는 무슨 이유에서인지 싱글벙글한 표정으로 이야기를 들었다고 합니다. 순간석으로 '엇? 내 얘기가 재미있나?' 하는 생각이 든 센짱은 점점 혼란스러워졌습니다. 센짱의 이야기가 다 끝나자 후쿠시마 씨는 이렇게 말했습니다.

"센짱, 세상을 바꿀 때가 왔군요!"

"네? 제가 세상을 바꾼다고요?"

"그럼요. 인생의 끝까지 내몰린 사람만이
세상을 바꿀 수 있거든요."

후쿠시마 씨는 진지했습니다. 진심으로 그리 믿는 눈빛이었다고 합니다.

"그러고 나니 저도 '진짜 그럴지도 모르겠다' 하는 생각이 진지하게 든 거예요. 후쿠시마 선생님은 상대방이 지금 어떤 상황인가에는 관심이 없어요. 대신, 그 사람의 미래가 빛날 거란 점을 당사자보다 몇천 배로 믿어줘요."

자기 자신조차 미래를 기대하지 않건만, 그런 자신에게 후쿠시마 씨는 마음 깊이 희망을 느끼고 기대를 걸었습니다. 그렇다면 센짱 역시 자기 미래를 응원해 보기로, 미래의 자신을 믿어보기로 결심했습니다. 그러자 그의 인생이 크게 바뀌기 시작했습니다. 지금은 전국에서 섭외하지 못해 안달인 슈퍼 인기 컨설턴트, '센짱'으로 불리는 센다 도시유키 씨의 이야기입니다.

후쿠시마 씨를 만났을 때 여쭤본 적 있습니다.
"후쿠시마 선생님께선 어떻게 그처럼 사람들을 믿으실 수 있나요?"
그는 이렇게 답했습니다.

"난 사람 믿는 걸 업으로 삼은 거야."

후쿠시마 씨는 일찍이 정해두었습니다. 당신이 만나는 사람은 모두 훌륭한 사람이라고 말이죠.

**미래는 '생각'하는 것이 아니라,
그야말로 '결정'하는 것입니다.**

성공학의 고전이자 바이블이라 불리는 나폴레온 힐의 저서 『생각하라 그리고 부자가 되어라』에 따르면, 엄밀히 말해 생각이 현실로 이루어지는 것이 아닙니다. 결정한 일이 실현되는 거죠.

그러니 무엇을 보고 싶은지, 어떻게 살고 싶은지 정해버리면 됩니다.

70

두 마리의 늑대가 싸운다.

한쪽은 두려움, 분노, 질투, 에고를 상징.

다른 한쪽은 기쁨, 사랑, 희망, 신뢰를 상징한다.

어느 쪽이 이길까?

바로 당신이 선택하는 쪽이 이깁니다.

미국 원주민에게 전해 내려오는 이야기가 있습니다.

늑대 두 마리가 싸우고 있습니다. 한 마리는 두려움, 분
노, 질투, 슬픔, 후회, 욕심, 오만, 자기연민, 죄책감, 증오,

열등감, 그리고 에고의 상징입니다.

다른 한 마리는 기쁨, 평화, 사랑, 희망, 이해, 평온, 겸손, 친절, 우정, 공감, 관용, 진리, 배려, 그리고 신뢰의 상징이고요.

이 둘이 치열하게 싸우고 있습니다. 이때 한 아이가 할아버지에게 물었습니다.

"어느 늑대가 이겨?" (Which wolf will win?)

그러자 할아버지가 대답했습니다.

"네가 기르는 쪽이란다." (The one you feed.)

실은 이와 같은 싸움이 당신의 마음속에서, 그리고 모든 사람의 마음속에서 일어나고 있습니다.

당신이 보고 싶은 것이 현실이 됩니다.
당신이 고른 쪽이 현실이 됩니다.

세상에 있는 것들은 모두 누군가의 바람이 있었기에 존재합니다. 당신 집에 있는 의자도, 노트도, 펜도, 냉장고

도, 옷도, 시계도, 디자인한 사람의 바람대로 세상에 출현
했죠.

그러니 불안이 아닌 희망을 선택합시다. 두근거림을 택
합시다. 두려움이 아니라 사랑을 택합시다. '지금 상황이
이러니까', '전에 이랬으니까'라는 이유로 미래를 그리는 것
이 아니라 '정말은 이랬으면 좋겠다' 싶은 인생 최고의 미
래를 선택해 봅시다.

최고의 미래에서부터 시작해 오늘을 살아봅시다.
당신이 고르는 쪽이 이 별의 미래입니다.

> "무엇이든 7세대 뒤까지
> 생각한 뒤 결정하라."

미국 원주민의 말입니다. 미국 원주민이 무언가를 결정할 때의 기준은 '7세대 후손이 웃을 수 있을까'라고 합니다. 이렇게 사람들이 저마다 보고 싶은 세상을 선택한다면 이 세상은 순식간에 변할 수 있습니다.

제게 심리학을 가르쳐주신 에토 노부유키 선생은 미국 원주민들과 1년 동안 함께 생활한 적 있습니다. 원주민들은 의식에 쓸 나무 한 그루를 벨 때도 어떤 나무를 베야 7세대 후손들이 곤경에 처하지 않을지 한바탕 의견을 나눈다고 합니다. 나무 단 한 그루를 벨 때조차 후손들의 안녕을 진지하게 생각하는 거죠. 그렇게 나무 한 그루를 베고 난 뒤에는 한 그루를 새로 심습니다.

생각해 보세요. 이 결정이 100년 뒤 미래를 바꿉니다.

우리가 내리는 단 1초의 결정으로 100년 뒤까지도 바꿀 수 있습니다. 이렇게 할 수 있는 것은 인간뿐입니다. 우리 인간에게 이 별의 미래가 달린 셈이죠.

이 별은, 우리의 꿈으로 완성됩니다. 이제는 100년 뒤의 아이들이 꿈꿀 수 있는 현실을 선택해 나가야 합니다. 저는 알고 있습니다. 당신이 그렇게 하기 위해 태어났다는 사실을 말입니다. 그래서 이 책을 펼쳤을 거라는 사실도요. 미래의 당신이 이 책을 손에 쥐여준 거죠. 드디어 당신의 사랑을 펼칠 때입니다.

끝까지 읽어주어서 고맙습니다.

| 뱀의 해석

어릴 적 저에게 최고의 놀이터는 집 앞에 있던 신사, 니가타현의 산조 하치만궁*이었습니다. 하치만 신이 내려다보는 가운데 놀며 자란 저는 언젠가 신사의 총본궁*인 오이타현의 우사 하치만궁에 가보고 싶었습니다. 이런 바람은 오이타 강연 다음 날에 이루어졌습니다. 강연 스태프분들이 절 데려가 주셨거든요.

우사 하치만궁 본궁은 표고 647m 산 정상 부근에 자리하고 있었습니다. 특히 본궁 안쪽 깊숙이 자리한 신사의 공간은 마치 그곳만 다른 차원의 세상인 듯 독특한 정적이 감돌았습니다. 그렇게 신사를 둘러보고 나오는 길이었습니다. 차를 타고 산을 내려가는데 운전하시던 분이 급정거했습니다.

● 하치만궁(八幡宮) : 일본 민속종교에서 무운의 신으로 숭배되는 '하치만 신'을 섬기는 신사.
● 총본궁(総本宮) : 같은 신을 나누어 모신 전국 각지의 신사 중 중심이 되는 신사.

뭔가가 있다!

바로 뱀이었습니다. 모두가 창밖으로 뱀을 바라보고 있자니 이내 뱀은 스르륵 움직여 숲속으로 모습을 감추었습니다.

이동을 마치고 공항 카페에 도착한 우리 일행이 조금 전 본 뱀 이야기를 한창 나누던 가운데 스태프 한 분이 말했습니다.

"뱀은 신의 사자라는데, 이번 여행은 축복받은 거네요."

그러자 선두에서 차를 운전했던 분이 자못 심각한 표정으로 입을 뗐습니다.

"사실, 제가 미처 못 보고 뱀을 살짝 밟았어요. 살아있다는 얘길 듣고 한시름 놓긴 했지만, 신의 사자를 바퀴로 밟았으니 벌을 받진 않을지 마음이 영 안 좋아서……."

뱀이 멀쩡한 것을 두 눈으로 확인했다고 해도 표정은 여전히 어두웠습니다. 풀 죽은 그 모습을 보고 저는 뭔가 힘이 될 만한 이야기를 해드려야겠다고 생각했습니다. 그 순간 제 눈에 들어온 것이 방금 전에 산 생수병에 찍힌

'샘물'이라는 글자였습니다.

자고로 힌트는 타이밍에 깃들어 있는 법. 전 '샘물'이라는 힌트를 '그분의 가능성이 샘솟을 때'로 해석했고, 이런 마음을 은근히 담아 그분과 담소를 나누다 보니 마침내 이런 이야기가 나왔습니다.

"그럼, 앞으로는 어떤 일을 하고 싶으세요?"

"이제는 일하면서 배우고 느낀 점들을 정보화해서 사람들에게 전하는 일을 하고 싶어요."

"그건 언제쯤 하실 건가요?"

"글쎄요. 이제부터 슬슬 준비하면 5년 뒤쯤 되려나요."

"사람들에게 전하는 게 5년 뒤는 아니시죠? 이미 준비는 다 되신 것 같은데요? 힘도, 가능성도 샘솟고 있잖아요. 오늘부터건 내일부터건 시작해 보셔도 좋을 것 같아요. 뱀을 건드린 게 계속 마음에 걸리시죠? 그런데 잘 생각해 보세요. 오늘 신의 사신인 뱀과 직접 닿은 건 우리 중에서 당신밖에 없어요. 그러니 틀림없이 누구보다도 먼저 좋은 변화가 찾아올 거예요."

"뱀을 밟은 걸 이렇게 해석할 수도 있군요. 한결 마음이 놓이네요. 왠지 울컥하기도 하고요."

그분의 표정이 한결 환해졌습니다. 그날은 비행기가 20분 연착되었는데, 저는 그에 대해서도 이렇게 해석해서 말씀드렸습니다.

"지금 이렇게 이야기 나눌 수 있는 것도 비행기가 20분 연착된 덕분이잖아요. 하늘이, 이 이야기를 당신에게 전하길 바라는 마음으로 비행기를 연착시킨 걸지도 몰라요."

"그렇군요. 비행기가 연착된 것도 그렇게 해석할 수 있겠네요. 하하."

세상은 새하얀 캔버스와 같습니다. 그러니 기쁨을 느낄 수 있도록, 즐거울 수 있도록, 가능성이 활짝 열릴 수 있도록 저마다 이 세상을 자유롭게 해석하면 되는 거예요.

뱀에 얽힌 일로 그 남성분에게 감사의 인사를 받았지만, 오히려 감사해야 할 사람은 저입니다. 그분의 '그렇게 해석할 수도 있겠네요.'라는 말을 듣고 새로운 책 기획이 떠올랐거든요.

'해석만 달리해도 세상은 멋진 곳이 된다.'

이런 콘셉트예요. 그렇습니다. 바로 이 책입니다. 어떻게 해석하고 인식하느냐에 따라서 현실은 180도 다르게 다가오기도 합니다. 당신의 '인식'이야말로 당신의 '세상' 그 자체입니다. 즉, 당신이야말로 이 세상의 구세주인 셈이죠.

당신이 바뀌면,
이 세상도 단 1초 만에 바뀝니다.

행복은 현실이 결정하는 것이 아닌, 여러분의 마음이 정하는 것입니다. 뱀 한 마리에서 시작한 이 책. 허물을 벗는 뱀은 새로 태어남의 상징으로서 길한 징조로 여겨지지요. 이렇게 책을 쓸 수 있다는 사실이 진심으로 기쁘고 감사할 따름입니다. 마지막까지 읽어주신 여러분이 참으로 좋습니다.

함께 새로이 태어나서, 세상을 기쁨으로 물들여갑시다. 우리는 이미 '관점'이라는 가장 든든한 내 편을 손에 넣었으니까요! 지금까지 히스이 고타로였습니다.

참고 문헌

국내 출간된 도서는 국내 도서 정보를 우선 표기했습니다.

- 구리키 노부카즈, 『한 걸음 내딛는 용기』, 문예출판사
- 아이다 미쓰오, 『덕분에』, 리수
- 히스이 고타로, 『내일이 내 생애 마지막 날이라면』, 나라원
- 히스이 고타로, 『0.1초만에 최악을 최고로 만드는 방법』, atom
- 히스이 고타로, 『엄마가 좋아, 눈물이 날 만큼!』, 비빔북스
- ひすいこたろう, 『今日は人生最悪で最高の日』, SB Creative
- ひすいこたろう, 『こんなことろまで読んでくれる、あなたに明日、最高に嬉しいことがおきますように』, Discover21
- ひすいこたろう・アイコ・マクレーン, 『3秒でハッピーになる 名言セラピー（英語でしあわせ編）』, Discover21
- ひすいこたろう・スズキケンジ, 『悩みはこうして幸福に変わる』, 大和書房
- ひすいこたろう・白駒妃登美, 『人生に悩んだら「日本史」に聞こう』, 祥伝社黄金文庫
- ひすいこたろう・ひたかみひろ, 『しあわせのスイッチ』, 王様文庫
- 矢野惣一, 『うまくいかない人間関係は「愛の偏り」が原因です』, ⊠ 廣済堂出版
- 保江邦夫, 『神様につながった電話』, 風雲舎
- 伊達直人, 『人生を笑劇的に素敵にする逆転本』, 発行処 불명
- 小林正観, 『ありがとうの神様』, ダイヤモンド社
- 木内鶴彦, 『臨死体験3回でみた2つの未来』, ヒカルランド
- 栗城史多, 『NO LIMIT』, サンクチュアリ出版

참고 웹사이트

- https://ameblo.jp/mentalconsultant
- https://www.entre.co.jp/letter
- https://manayui.com
- https://metakit.hatenablog.com

한글 표기 기준 가나다순으로 정렬했습니다.

가와이 하야오	河合隼雄	오카모토 다로	岡本太郎
가토 다이조	加藤諦三	와카야마 요이치로	若山陽一郎
고다마 야스코	小玉泰子	요시모토 바나나	吉本ばなな
고바야시 세칸	小林正観	요지 야마모토	ヨウジヤマモト
구리키 노부카즈	栗城史多	존 레넌	John Lennon
기무라 타쿠야	木村拓哉	찰리 채플린	Charles Chaplin
기쓰카와 유키오	橘川幸夫	체 게바라	Che Guevara
기타지마 사부로	北島三郎	치하라 주니어	千原ジュニア
나폴레온 힐	Napoleon Hill	폴 매카트니	Paul McCartney
도쿠가와 이에야스	徳川家康	프리드리히 니체	Friedrich Nietzsche
마쓰시타 고노스케	松下幸之助	프레드릭 살로몬 펄스	Frederick Salomon Perls
마이클 잭슨	Michael Jackson		
모리사와 아키오	森沢明夫	하기모토 긴이치	萩本欽一
사사다 유키에	笹田雪絵	헤라클레이토스	Heraclitus
사카모토 료마	坂本龍馬	후쿠시마 마사노부	福島正伸
사쿠라바 쓰유키	桜庭露木	후쿠야마 마사하루	福山雅治
센다 도시유키	千田利幸		
스가노 잇세이	菅野一勢		
스즈키 겐지	スズキケンジ		
스티브 잡스	Steve Jobs		
스티븐 코비	Stephen Covey		
시라코마 히토미	白駒妃登美		
아이다 미쓰오	相田みつを		
야나세 다카시	やなせたかし		
야노 소이치	矢野惣一		
야노 소이치	矢野惣一		
에토 노부유키	衛藤信之		

Special Thanks

오야마 사토코(편집), 미첼 아야카(HISUIBRAIN 편집 협력), 고바야시 세칸,
에토 노부유키, 야노 소이치, 스즈키 겐지, 스가노 잇세이, Noriko Leedy,
피치, 히로키, 아야나, 이쿠요, 오오하라 레이코, 나토리 나오코,
후루야 가오루, Discover21
그리고 제 책을 판매해 준 서점들과 마지막으로 이런 글귀까지 읽어준 독자 여러분.

● 유튜브
https://youtube.com/@hisuikotaro

● LINE 공식 계정
https://lin.ee/eCQFwXM

● 히스이 고타로의 온라인 살롱 '히스이 유니버'
한 달에 2회 스페셜 강의 배포.
https://hisui-universe.com

● 책 읽으신 소감, 인스타그램 DM도 기다리고 있겠습니다.
@hisuikotaro

지금 거울 앞에 서서 미소를 지어보세요.

그리고 거울에 비치는 눈동자에

이렇게 말해주세요.

'고마워. 널 만나서 다행이야.'

거울에 비치는 사람이야말로

당신의 세상을 바꿔준 구세주거든요.

고마워.

널 만나서 다행이야.

기쁨을 알아채는 힘

1판 1쇄 2025년 4월 4일

지은이 히스이 고타로
옮긴이 백운숙

발행인 김인태
발행처 삼호미디어

등록 1993년 10월 12일 제21-494호
주소 서울특별시 서초구 강남대로 545-21 거림빌딩 4층
 www.samhomedia.com
전화 02-544-9456(영업부) | 02-544-9457(편집기획부)
팩스 02-512-3593

ISBN 978-89-7849-715-2 (03180)